AF359478

CATALOGUE
DE LIVRES
RARES OU CURIEUX

EN VENTE

AUX PRIX MARQUÉS

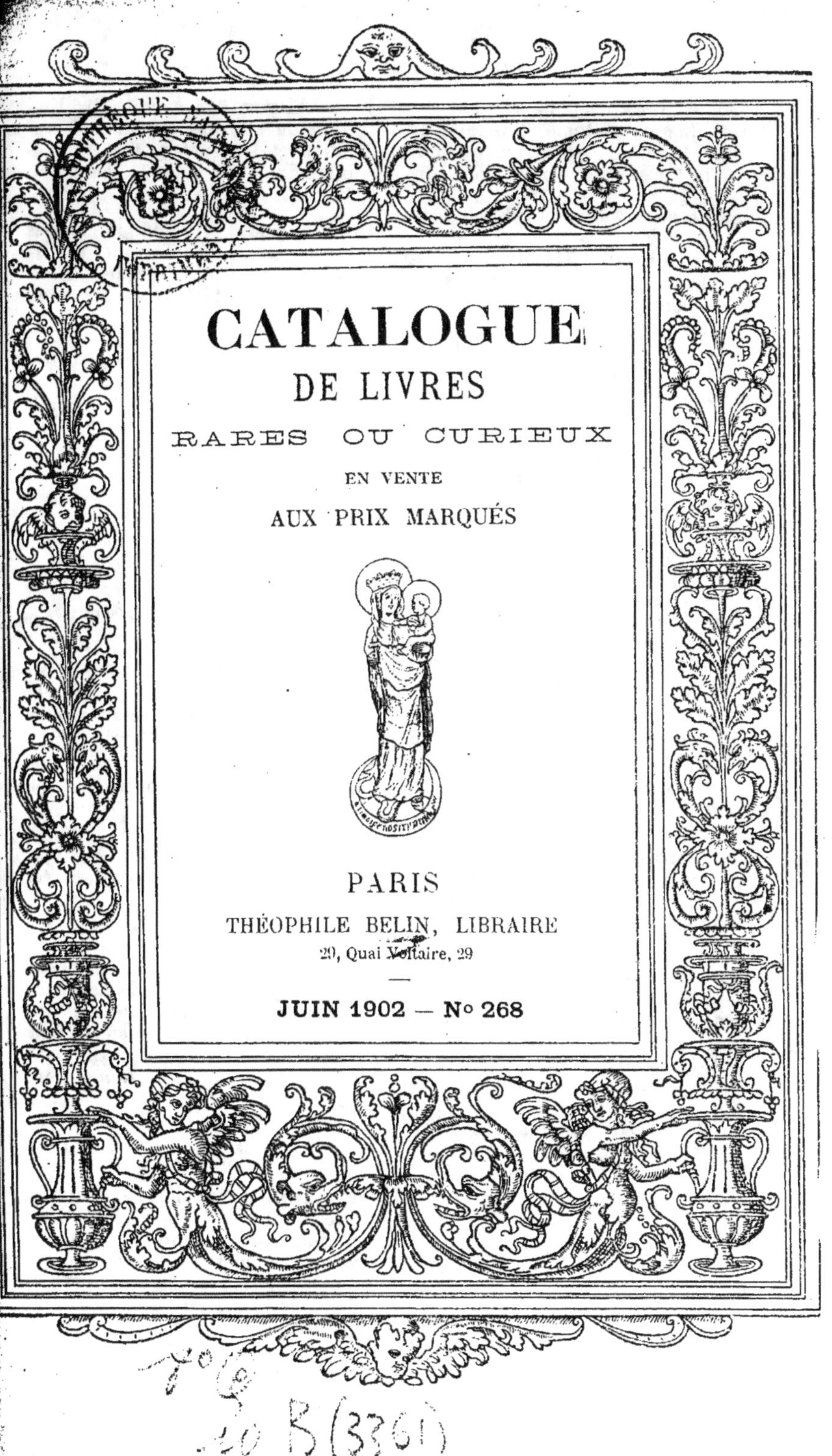

PARIS

THÉOPHILE BELIN, LIBRAIRE

29, Quai Voltaire, 29

—

JUIN 1902 — Nº 268

1536. A'Beckett (Gilbert). The Comic history of Rome. Illustrated by John Leech. *London, Bradbury, s. d.;* in-4, cart. toile, *non rogné* 15 fr.

Illustré de 10 figures en couleurs et nombreuses vignettes humoristiques, gravées sur JAPON.

1537. Abelard et **Héloïse**. Lettres d'Abailard et d'Héloïse traduites sur les manuscrits de la bibliothèque royale par E. Oddoul, précédées d'un essai historique par M. et Mme Guizot. *Paris, Houdaille,* 1839 ; 2 vol. gr. in-8, demi-rel., dos et coins de chagrin violet, tête dor., éb. 10 fr.

Édition illustrée par *Jean Gigoux*. Légères piqûres d'humidité.

1538. About (Edm.). Le Roman d'un brave homme. *Paris, Hachette,* 1882 ; gr. in-8, br. 6 fr.

52 compositions gravées d'après *Adrien Marie*.

1539. Aderer (Adolphe). Pour une Rose. Ouvrage illustré de 45 gravures d'après les dessins de Morion, Liéger et Dubouchet. *Paris, Jouvet,* 1895 ; in-4, cart. ill., tr. dor. 6 fr.

1540. Adhémar (J.). Révolutions de la Mer. Déluges périodiques. 2e édition. *Paris,* 1860 ; in-8 et album in-8, br. 4 fr.

Planches en taille-douce.

1541. Aillaud (l'abbé). L'Egyptiade, poëme héroïque en douze chants. *Paris, Lenormant,* 1813 ; in-8, veau granit, dos orné, dent. (*Rel. anc.*). 4 fr.

1542. Alcoran (l') des Cordeliers, tant en latin qu'en françois, c'est-à-dire Recueil des plus notables bourdes et blasphèmes de ceux qui ont osé comparer Saint François à Jésus-Christ, tiré du grand livre des Conformitez, jadis composé par Frère Barthélemi de Pise (par Erasme Alber). *Amsterdam,* 1734 ; 2 vol. in-12, demi-rel. veau. 15 fr.

Frontispice et 21 figures de *Bernard Picart*.

1543. Alexandre (Arsène). Histoire populaire de la Peinture. *Paris, Henri Laurens,* (1893-1894); 2 vol. in-4, br. 20 fr.

École française. — Écoles flamande et hollandaise.
500 gravures sur bois.

1544. Alison (Sir Archibald). Histoire de l'Europe durant la Révolution et les guerres de la République de 1789 à 1797. *Bruxelles,* 1868 ; 7 vol. in-8, br. 12 fr.

1545. Ambert (Joachim). Esquisses historiques, psychologiques et critiques de l'armée française. *Bruxelles, Petit,* 1840 ; in-4, demi-rel. mar. violet. 20 fr.

16 lithographies en couleurs, de costumes et de scènes militaires de *H. Verbeyst* d'après *Aubry*.

1546. Ambert (Général). Récits militaires. *Paris, Bloud et Barral,* (1884-1885) ; 4 vol. in-8, portr., br. 12 fr.

L'Invasion. — Après Sedan. — La Loire et l'Est. — Le Siège de Paris.

1547. Aménagement des forêts Cours de l'école 1857 ; in-4, demi-rel. mar. Lavall., *non rogné.* 10 fr.

Manuscrit moderne de 225 feuillets. .

1548. Amérique du Nord (L') pittoresque. *Paris, Quantin,* 1880; in-4, br. 18 fr.

Illustré d'un nombre considérable de gravures et d'une carte des Etats-Unis.

1549. Anacréon. Odes, traduites en vers sur le texte de Brunck par J.-B. de Saint-Victor. Troisième édition, revue et corrigée. *Paris, Nicolle,* 1818 ; in-8, br. 10 fr.

Charmantes figures de *Girodet*, gravées par *Girardet*.

1550. Angelo (Henry). Reminiscences of Henry Angelo, with memoirs of his late father and friends, including mumerous original anecdotes and curious traits of the most celebrated characters that have flourished during the last eighty years. *London, Henry Colburn,* 1828-1830; 2 vol. in-8, portr., veau granit. 35 fr.

Intéressants mémoires du fils du célèbre maître d'armes anglais.

1551. Appologie faicte par le grant abbé des Conardz sur les invectives Sagon, Marot, La Hueterie, pages, valetz, braquetz, et cetera, suivie de la respôse à l'abbé des Conardz de Rouen. *A Paris, de l'imprimerie de Panckoucke,* 1854 ; pet. in-12, mar. r., dos orné, fil., dent. int., tr. dor. (*Capé*). 40 fr.

1552. **Audouin-Dumazet** et Paul Gers. Au Régiment. En Escadre. *Paris, Berger-Levrault*, 1894 ; gr. in-8, br. 7 fr.
350 illustrations dans le texte.

1553. **Arétin** (Léonard). De Bello Italico adversus Gothos gesto historia, nunc primum edita. *Parisiis, apud Sibi. Colinœum*, 1534 ; in-8, mar. vert, dos orné, fil. à froid, milieux dorés, tr. dor. (*Capé*) 50 fr.
Bel exemplaire.

1554. **Arétin** (Pierre). Trois Livres de l'humanité de Jésuchrist, divinement descripte, et au vif représentée par Pierre Arétin. Nouvellement traduictz en François (par Jean de Vauzelles). (A la fin :) *Melchior et Gaspard Trechsel finirent d'imprimer ce livre à Lyon, le premier jour de Mars*, 1539 ; pet. in-8 de 7 ff. prélim., 358 pp. et 1 f. d'errata, mar. Lavallière jans., tr. dor. 75 fr.
PREMIÈRE ÉDITION. Haut. 129 mm.

1555. **Arioste**. Orlando furioso di M. Ludovico Ariosto, et cinque canti d'un nuovo libro del medecimo novamente aggiunti et riconetti. *In Venegia, appresso Gabriel Giolito de Ferrari*, 1560 ; in-12, veau marbré, dos orné. 10 fr.
Titre, portrait et figures sur bois.
Édition recherchée.

1556. **Armengaud**. Les Galeries publiques de l'Europe. Italie. *Paris, Lahure*, 1862 ; in-4, demi-rel. chag. bleu, tête dor., *non rogné*. 15 fr.
Belles figures sur bois.

1557. **Art ancien** (L') à l'Exposition nationale belge, publié sous la direction de M. Camille de Roddaz. *Bruxelles, Rozez ; Paris, Firmin Didot*, 1882 ; in-4, br. 10 fr.
Chromolithographies, eaux-fortes, planches hors texte et vignettes dans le texte donnant la reproduction des objets exposés.

1558. **Art** (l') de vérifier les Dates des faits historiques, des chartres, des chroniques et autres monumens, depuis la naissance de Notre-Seigneur (par Doms d'Antine, Clémencet, Durand et Clément). Troisième édition. *Paris, Jombert*, 1783-1787 ; 3 vol. in-fol., veau gran., dos orné, fil. (*Rel. anc*). 180 fr.
Bel exemplaire de cette édition estimée.

1559. **Arts** (Les) du bois, des tissus et du papier, par MM. de Champeaux, Darcel, Gaston Le Breton, Germain Bapst, Duplessis, V. Champier. *Paris, Quantin*, 1883 ; in-4, br. 12 fr.
Illustré de 338 gravures. Cet ouvrage forme une véritable encyclopédie de l'Art industriel.

1560. **Asmodée** à New-York. Revue critique des institutions politiques et civiles de l'Amérique : coutumes, anecdotes romanesques, etc., vie publique et privée, mœurs. *Paris, H. Plon*, 1868 ; in-8, br. 4 fr.

1561. **Artamof** (Piotre). La Russie historique, monumentale et pittoresque. *Paris, Lahure*, 1862 ; 2 vol. in-fol., demi-rel. mar. bleu, tête dor., *non rognés*. 35 fr.
Texte illustré de très belles figures gravées sur bois.
Piotre Artamof est le pseudonyme du comte Vladimir de la Fite de Pelleporc.

1562. **Aspect** (d'). Histoire de l'Ordre royal et militaire de Saint-Louis. *Paris, Vve Duchesne*, 1780 ; 3 vol. in-8, demi-rel. veau. 10 fr.
Cachet sur le titre.

1563. **Asserino** (Luc). Almerinde (traduit de l'italien par d'Audiguier neveu et Malleville). *Paris, A. Courbé*, 1646 ; in-8, mar. rouge, dos orné, fil., tr. dor. (*Heldt*). 15 fr.
Bel exemplaire.

1564. **Audin**. Histoire de Léon X et de son siècle. Troisième édition. *Paris, Maison*, 1850 ; 2 vol. in-8, br. 6 fr.

1565. **Augier** (Émile). Théâtre complet. *Paris, Lévy*, 1877, 6 vol. — Œuvres diverses. *Paris, Lévy*, 1878. Ensemble 7 vol. in-18, demi-mar. brun. 22 fr.

1566. **Auteurs grecs** (Extraits des), concernant la Géographie et l'Histoire des Gaules. Texte et traduction nouvelle publiés par Edm. Cougny. *Paris, Renouard*, 1878-1886 ; 5 vol. in-8, br. 20 fr.
De la collection de la Société de l'Histoire de France.

1567. **Avenel** (Georges). Lundis révolutionnaires, 1871-1874. Nouveaux éclaircissements sur la Révolution française. *Paris, Ern. Leroux*, 1875 ; in-8, br. 4 fr.

Et de Livres anciens et modernes

1568. **Aventures** (les) merveilleuses de Fortunatus, avec une préface par Henry Fouquier. *Paris, libr. des Bibliophiles,* 1887 ; in-4, br.   6 fr.

> 120 vignettes dans le texte par *Edouard de Beaumont.*

1569. **Baisers** (les) précédés du mois de Mai (par Dorat). *A La Haye, et à Paris, chez Delalain,* 1770 ; in-12, br.   20 fr.

> Fleuron et titre par *Eisen,* gravés par *Aliam et Ponce.* Frontispice, 22 vignettes et culs-de-lampe par *Eisen,* gravés par *de Longueil, Masquelier, Née, de Launay, Lingée,* etc.
> Mouillures.

1570. **Balbi** (Adrien). Abrégé de géographie, ouvrage adopté par l'université. 5e édition,. revue et considérablement augmentée d'après les derniers traités et les découvertes les plus récentes. *Paris, Renouard,* 1869-1873 ; 2 vol. gr. in-8, demi-rel. mar. rouge, tête dor., *non rognés.*   8 fr.

1571. **Balzac** (Guez de). Le Barbon. *Paris, Courbé,* 1648 ; in-8, veau fauve.   15 fr.

> ÉDITION ORIGINALE. Frontispice par *Chauveau.* Exemplaire en GRAND PAPIER.

1572. **Balzac** (Guez de). Socrate chrestien, et autres œuvres du même. *Paris, Aug. Courbé,* 1652 ; in-8, front., veau fauve, dos orné, fil. (*Rel. anc.*).   10 fr.

> ÉDITION ORIGINALE. Exemplaire de la bibliothèque RENARD.

1573. **Banquet** de la vie. *Paris, Jouaust,* 1873 ; in-18, dos et coins de chagrin rouge, tête dor., *non rogné.*   10 fr.

> I. Absinthe. — II. Le Potage printanier. — III. Le Melon. — IV. Les petits Radis. — V. Les Merlans frits. — VI. L'Olla-Podrida. — VII. Les Pigeons à la financière.

1574. **Barbier** (A.-A.). Nouvelle bibliothèque d'un homme de goût. *Paris,* 1808 ; 5 vol. in-8, demi-rel. cuir de Russie.   10 fr.

1575. **Barbier** (Auguste). Poésies. — Iambes et poèmes. *Paris, Lemerre,* 1898 ; in-12, dos et coins mar. rouge, tête dorée, *éb.*   6 fr.

> Portrait-médaillon d'Auguste Barbier par *de Los Rios,* d'après *David d'Angers.* — Exemplaire à l'état de neuf.

1576. **Barillet** (J.). Les Pensées. Histoire, culture, multiplication, emploi. *Paris, Rothschild,* 1869 ; in-4, br.   25 fr.

> Ouvrage orné de nombreuses vignettes et de 25 chromolithographies exécutées d'après les spécimens par *Lesemann.*

1577. **Barjavel** (C. F. H.). Dictionnaire historique, biographique et bibliographique du département de Vaucluse. *Carpentras, impr. de L. Devillario,* 1841 ; 2 tomes en un vol. in-8, demi-rel. mar. violet, dos orné.   8 fr.

1578. **Barre** (P.). Histoire générale d'Allemagne. *Paris,* 1748 ; 11 vol. in-4, mar. olive, dos orné, fil., tr. dor. (*Rel. anc.*).   350 fr.

> Exemplaire de dédicace, tiré sur GRAND PAPIER, aux armes de Frédéric-Christian-Léopold, électeur de Saxe, fils aîné de FRÉDÉRIC-AUGUSTE III, roi de Pologne.

1579. **Barrois.** Éléments carlovingiens linguistiques et littéraires. *Paris, Crapelet,* 1846 ; in-4, demi-rel. dos et coins de mar. bleu, tête dor., *non rogné.*   18 fr.

1580. **Barron** (Louis). Les Environs de Paris. *Paris, Quantin, s. d.;* in-4, br.   15 fr.

> Ouvrrge illustré de 500 dessins d'après nature, par *G. Fraipont.*

1581. **Batissier** (L.). Le Nouveau Cabinet des Fées. Contes choisis. *Paris, Furne,* 1864 ; in-8, br. 10 fr.

> Dessins de *Foulquier* et *Pasini* gravés sur bois.

1582. **Bausset** (L.-F.-J. de). Mémoires anecdotiques sur l'intérieur du palais, et sur quelques événemens de l'Empire depuis 1805 jusqu'au 1er Mai 1814, pour servir à l'histoire de Napoléon. *Paris, Baudoin,* 1827 ; 4 vol. in-8, portr., fac-similé, br.   35 fr.

> Portraits de Napoléon, de Joséphine et de Marie-Louise.

1583. **Bayard** (J.-F.). Théâtre, précédé d'une notice par Eugène Scribe. *Paris, Hachette,* 1855-1858 ; 12 vol. in-12, br., couv.   18 fr.

1584. **Bayle** (Pierre). Dictionnaire historique et critique. *Rotterdam, Reinier Leers,* 1697 ; 4 tomes en 2 vol. in-fol. — Nouveau Dictionnaire historique et critique pour servir de supplément au dictionnaire de P. Bayle, par Jaques George de Chaufepié. *Amsterdam,* 1750-1756 ;

4 vol. in-fol. Ens. 6 vol. in-fol., veau. (*Rel. anc.*). 60 fr.

1585. Bayle-Mouillard (Mme F.). Poésies. *Paris, Paulin,* 1843; in-8, demi-rel. veau violet, dos orné. 6 fr.

Bel exemplaire sur papier vélin d'une exécution typographique remarquable.

1586. Bazaine. L'Armée du Rhin depuis le 12 août jusqu'au 29 octobre 1870. *Paris, H. Plon,* 1872; in-8, br. 4 fr.

Cartes en couleur.

1587. Beauchesne. La Vérité et la légende de madame Sainte Notburg. Etablissement de la foi chrétienne dans la vallée du Neckar. *Paris, L. Plon,* 1868; gr. in-8, br. 10 fr.

Ouvrage imprimé en caractères gothiques, avec texte encadré, orné de 84 gravures sur bois d'après S. *Langlois.*

1588. Beaumarchais. Théâtre, accompagné d'une notice par F. de Marescot. Illustrations d'Adrien Marie. *Paris, libr. illustrée, s. d.* (1875); gr. in-8, br., couv. 4 fr.

PREMIER TIRAGE.

1589. Beauvoir (Comte de). Voyage autour du Monde. Australie, Java, Siam, Canton, Pékin, Yeddo, San Fancisco. *Paris, Henri Plon,* 1873; gr. in-8, br. 8 fr.

Figures sur bois.

1590. Beaux-Arts (Les) et les Arts Décoratifs, par L. Bénédite, J. Cornély, Clément-Janin, Gustave Geffroy, J.-J. Guiffrey, Eug. Guillaume, G. Lafenestre, L. Magne, P. Frantz-Marcou, C. Mauclair, Roger Marx, André Michel, A. Molinier, E. Molinier, Salomon Reinach. *Paris, Gazette des Beaux-Arts* (1900); gr. in-4, br., couv. illustr. 25 fr.

Ouvrage publié à l'occasion de l'Exposition Universelle de 1900, illustré de 30 planches hors texte (gravures à l'eau-forte et au burin, héliogravures), et 250 gravures dans le texte.

1591. Bentzon (Th.). Jacqueline. *Paris, Boussod et Valadon,* 1893; in-4, br., couv. (60 fr.) 40 fr.

Ouvrage enrichi de 27 superbes illustrations en noir par *Albert Lynch.*

1592. Béranger. Chansons de P.-J. de Béranger, précédées d'une notice sur l'auteur et d'un essai sur ses poésies par P.-F. Tissot. *Paris, Perrotin ; et Bruxelles, Tarlier,*

1829 ; 4 vol. — Chansons nouvelles et dernières de P.-J. de Béranger, dédiées à Lucien Bonaparte. *Paris, Perrotin,* 1833 ; 1 vol. — Procès fait aux chansons de Béranger avec le réquisitoire de Me Marchangy ; le plaidoyer de Me Dupin ; l'arrêt de renvoi et autres pièces. *Paris,* 1821 ; 1 vol. Ens. 6 vol. in-12, demi-rel. veau, dos orné, tr. jaspée. 150 fr.

Illustrées de 106 vignettes gravées sur acier, d'après les dessins d'*Alfred* et *Tony Johannot, Charlet, Grenier, Grandville, Henri Monnier, Raffet,* etc. Notre exemplaire possède les 3 vignettes supprimées par la censure et le titre, dit, titre des vignettes; les fig. sont sur CHINE et du PREMIER TIRAGE.
Portrait de Béranger, ajouté.

1593. Béranger (P.-J.). Œuvres complètes. Nouvelle édition revue par l'auteur. *Paris, Perrotin,* 1847; 2 vol. in-8, br. 70 fr.

Illustrées de 52 gravures sur acier d'après les dessins de *Charlet, A. de Lemud, Johannot, Daubigny, Pauquet, Jacques, J. Lange, Pinguilly, de Ruader, Raffet.* Portrait de l'auteur et fac-simile d'une lettre à Perrotin.
2e édition originale, la dernière publiée du vivant de l'auteur. PREMIER TIRAGE des gravures.
Bel exemplaire avec les couvertures des « Œuvres anciennes ». *Perrotin,* 1862.

1594. Bergerat (Émile). La Chasse au mouflon ou petit voyage philosophique en Corse. *Paris, Delagrave, s. d.* (1890); gr. in-8, cart., tête dor., *non rogné.* 5 fr.

43 gravures hors texte d'après des photographies et 55 dessins de Mme *E. Bergerat.* — Partie supérieure du faux-titre enlevée.

1595. Bergerat (Émile). Enguerrande, poème dramatique, précédé d'une préface par Théodore de Banville. *Paris, Frinzine,* 1884; in-4, br. 20 fr.

Exemplaire sur PAPIER WATHMANN.
Portrait de l'auteur gravé à l'eau-forte par *Henri Lefort* et 2 compositions du statuaire *Auguste Rodin.*

1596. Berlioz (Hector). Voyage musical en Allemagne et en Italie. Études sur Beethoven, Gluck et Weber. Mélanges et nouvelles. *Paris, Labitte,* 1844 ; 2 vol. in-8, br., couv. 12 fr.

1597. Bernard (P.-J.). Œuvres de P.-J. Bernard, ornées de gravures d'après les desseins de Prud'hon ;

la dernière estampe gravée par lui-même. *Paris, impr. de P. Didot l'aîné*, 1797 ; gr. in-4, cart., *non rogné*.   35 fr.

Quatre figures de *Prudhon*, gravées par *Prudhon, Beisson* et *Copia*.

1598. Bernard. Œuvres. *Paris, Janet et Cotelle*, 1823 ; in-8, demi-maroq. br., av. coins, n. rog. 5 fr.

Figure de Prudhon.

1599. Bernis. Poésies du cardinal de Bernis. *Paris, Quantin*, 1882 ; in-8, br.   5 fr.

Portrait gravé à l'eau-forte.

1600. Béroalde de Verville. Le moyen de parvenir, contenant la raison de tout ce qui a été, est et sera. Dernière édition exactement corrigée et augmentée d'une table des matières. *Nulle part*, 100070038 (1738) ; 2 vol. pet. in-12, veau, dos ornés, fil.   15 fr.

Jolie édition où l'on trouve un abrégé de la dissertation de La Monnoye sur le Moyen de Parvenir et une table alphabétique des matières.

1601. Béroalde de Verville. Le Moyen de Parvenir. Nouvelle édition. *S. l.*, 100070073 (1773) ; 2 vol. in-12, br.   15 fr.

Frontispice avec portrait de l'auteur.

1602. Bertall. La Comédie de notre temps. Études à la plume et au crayon. *Paris, Plon*, 1874-1875 ; 2 vol. in-4, demi-rel. chagr. vert, plats toile, tr. dor.   20 fr.

Première série : La civilité, les habitudes, les mœurs, les coutumes, les manières et les manies de notre époque. Deuxième série : Les enfants, les jeunes, les murs, les vieux.

1603. Berthoud. Le Monde des insectes. *Paris, Garnier, s. d.*; gr. in-8, br., couv. ill.   5 fr.

Illustré d'un grand nombre de vignettes sur bois gravées par *Joliet, E. Thomas, Lacoste jeune, Demarle, Dupeyron, Pisan, Delangle, Ecosse, Jourdhuy ;* dessins de *Yan Dargent*.

1604. Bertin (Horace). Les Heures marseillaises. *Marseille, Laveira-rié*, 1878 ; in-8, br.   4 fr.

Portrait gravé à l'eau-forte par *A. Moutte*.

1605. Besenval (le baron de). Contes. Avec une notice bio-bibliographique par Oct. Uzanne. *Paris, Quantin*, 1881, in-8, br.   5 fr.

Portrait et figures gravés à l'eau-forte.

1606. Bible (La Sainte) traduite en français par Lemaistre de Sacy, accompagné du texte latin de la Vulgate. Nouvelle édition revue par M. l'abbé Jacquet et illustrée de nombreuses gravures sur acier d'après les plus grands maîtres des écoles italienne, française, espagnole et hollandaise. *Paris, Garnier frères*, 1867-1868 ; 6 vol. in-4, cart. toile, éb., *non rognés*. 40 fr.

1607. Bibliorum Sacrorum Vulgate Versionis editio, Clero Gallicano dicata. *Parisiis, Ambr. Didot*, 1785 ; 8 vol. in-8, dos et coins de mar. brun, tête dor., *non rognés*.   25 fr.

1608. Bibliothèque de Poche par une Société de gens de lettres et d'érudits. *Paris, Paulin et Lechevalier ;* in-18, br., chaque vol. 3 fr.

1º Curiosités de l'archéologie et des Beaux-Arts ; 1855.

2º Curiosités anecdotiques ; 1855.

3º Curiosités biographiques par Ludovic Lalanne, 1858 ; demi-bas.

1609. Bibliothèque (La) des petits maîtres, ou Mémoires pour servir à l'histoire du bon ton et de l'extrêmement bonne compagnie. *Au Palais-Royal, chez la petite Lolo*, 1761 ; pet. in-12, demi-rel. dos et coins chag. bleu, dos fleurdelisé. 8 fr.

Spécimen de la littérature des boudoirs du XVIIIᵉ siècle et critique spirituelle des sentiments et du langage de l'époque.

1610. Bibliothèque des romans grecs. *A Paris, de l'impr. de Guillaume*, 1797 ; 12 vol. in-12, veau fauve, dent., dos ornés, tr. dor. (*Bozérian*).   120 fr.

Les Affections d'Amour de Parthenius, trad. par Jean Fournier, 1 v. — Les Amours de Leucippe et Clitophon. trad. par L.-A. du Perron de Castera, 2 v. — Les Amours de Théagènes et Chariclée, trad. d'Héliodore, 2 v. — Les Amours pastorales de Daphnis et Chloé, trad. de Longus, par Amyot, 1 vol. — Les Amours d'Abrocome et d'Anthia, trad. de Xénophon (par Jourdan), 1 v. — Les Amours de Chereas et Gallirrhoë, trad. de Chariton par H.-C. Larcher, 2 v. — Les Amours d'Imène et d'Isménias (trad. par Godard de Beauchamps), 1 v. — Les Amours de Rhodante et Dosicles, trad. de Th. Prodomus, par Godard de Beauchamps, 1 v. — L'Histoire véritable et Lucius ou l'âne, trad. de Lucien (par Belin de Ballu). Très bel exemplaire tiré sur papier fin.

Achat de Bibliothèques

1611. **Bien-Séance** de la conversation entre les hommes. *Lyon, Morillon,* 1618 ; pet. in-12, veau. 5 fr.

Ce livre imprimé en français et en latin, a été écrit par les élèves du collège de La Flèche et envoyé aux élèves du collège de Pont-à-Mousson. Titre racommodé.

1612. **Bitaubé.** Joseph, par Bitaubé. Sixième édition revue et corrigée. *Paris, Didot ainé,* 1797 ; 2 vol. pet. in-12, cart., non rog. 5 fr.

9 figures de *Marillier*, gravées par *Née*.

1613. **Blanc** (Charles). Les Artistes de mon temps. *Paris, Firmin-Didot,* 1876 ; in-8, demi-rel. chagrin rouge, plats toile, tr. dor. 8 fr.

Illustrations dans le texte.

1614. **Blanc** (Louis). Histoire de la Révolution française. Deuxième édition. *Paris, Pagnerre ; Furne, Jouvet et Cie,* 1870 ; 12 vol. in-8, demi-rel. mar. r., tr. peigne. 40 fr.

1615. **Blanc** (Louis). Lettres sur l'Angleterre. *Paris. Librairie Internationale,* 1866-1867 ; 4 vol. in-8, demi-chagr. rouge, *non rognés.* 12 fr.

1616. **Blandy.** Mont Salvage. *Paris, Delagrave,* 1885 ; gr. in-8, br., n. coupé 4 fr.

30 illustrations par *Sandoz*.

1617. **Blémont** (Émile). Wattignies 15 et 16 octobre 1793. *Paris. Librairie illustrée,* 1889 ; gr. in-8, br. 4 fr.

Illustrations hors texte et dans le texte.

1618. **Blondel** (Spire). L'Art intime et le goût en France. Grammaire de la Curiosité. *Paris, Rouveyre,* 1885 ; in-4, br. 15 fr.

Ouvrage illustré par *Arents, Bourdin, Fraipont, Lenoir, Monchablon,* etc. de 25 planches hors texte et de 200 vignettes intercalées dans le texte.

1619. **Bodin** (Joan). Les six livres de la république de J. Bodin Angevin. *Paris, Jacques du Puys,* 1576 ; in-fol., veau, fil. à froid, milieux dor. 20 fr.

« Ouvrage qui mérite de conserver une place dans les bibliothèques parce qu'il renferme le germe de plusieurs idées qui ont été développées depuis avec succès par ceux de nos grands écrivains qui se sont occupés de politique et de législation.» *Brunet.*

1620. **Boileau.** Œuvres. Avec des éclaircissemens historiques donnez par lui-même. *Genève,* 1716 ; 2 vol. in-4, veau brun, dos orné (grand papier) 35 fr.

Portraits d'après *Rigaud* et *Santerre*. 6 figures de *Théreau*.

1621. **Boileau.** Œuvres, avec des éclaircissements historiques (tirés de Brossette par J.-B. Souchay). *Paris, Vve Alix,* 1740 ; 2 vol. in-4, fig., veau marbré, dos orné, fil., tr. dor. (*Rel. anc.*). 35 fr.

Bel exemplaire contenant un portrait par *Rigaud*, un fleuron. 7 vignettes. en-têtes par *Trémolières*, 38 culs-de-lampe et 6 lettres ornées, plus un fleuron en-tête de la préface.

1622. **Bonnaffé** (Edmond). Le Meuble en France au XVIe siècle. *Paris, libr. de l'Art,* 1887 ; in-4, br. 15 fr.

120 gravures reproduisant les plus beaux spécimen de meubles anciens du XVIe siècle.

1623. **Bonnardot** (Alfred). Le Mirouer du Bibliophile parisien, où se voyent au vray le naturel, les ruses et les joyeulz Esbattements des fureteurs de vieilz livres. *Paris, impr. par Guiraudet et Jouaust,* 1848 ; in-16, br. 6 fr.

1624. **Bonnetain** (Paul). L'Extrême Orient. *Paris, Quantin, s. d.* (1887) ; in-4, br. 10 fr.

Bel ouvrage, illustré de nombreux dessins d'après nature par *Fraipont, Boudier, Chaperon, Bourgain,* etc.. et de trois cartes dont une de la Cochinchine et une du Tonkin. Intéressants détails sur l'Indo-Chine, la Chine et le Japon.

1625. **Bordeaux.** Archives municipales de Bordeaux. Tome Ier. Livre des Bouillons. *Bordeaux, Gounouilhou,* 1867 ; in-4, br. 5 fr.

Papier vergé.

1626. **Boscowitz** (Arnold). Les Volcans. *Paris, Paul Ducrocq, s. d. ;* in-8, br. 7 fr.

100 gravures sur bois.

1627. **Bossu** (Antonin). Anthropologie étude des organes. fonctions, maladies de l'homme et de la femme. Sixième édition. *Paris,* 1870 ; 2 vol. in-8 de texte, et 1 vol. in-8 de planches, demi-rel. chag. bleu. 10 fr.

20 planches coloriées.

1628. **Bossuet** (J.-B.). Discours sur l'histoire universelle, précédé d'une notice littéraire par M. Tissot. *Paris, Curmer, s. d.* (1839) ; 2 vol.

gr. in-8, demi-veau rouge, dos ornés. (*Rel. anc.*).   35 fr.

Ouvrage orné d'un frontispice en chromolithographie, d'un portrait de Bossuet,
avant la lettre, et de 12 planches gravées
sur acier d'après *Murillo, Herrera le
vieux, Philippe de Champaigne, H. Rigaud, Decaisne, Tony Johannot* et *Meissonnier;* par *Caron, Cousin, Joubert, N.
Leconte, Pelée, Pigeot, Revel;* avec des
bordures dessinées par *Chenavard, A.
Friès A. Féart;* gravées par *Ollivier;*
texte encadré dans des ornements différents pour chaque partie de l'ouvrage, dessinés par *A. Féart*, gravés sur bois par
Brevière, de Paris, et *O. Smith* et *Thos,
Williams, de Londres;* culs-de-lampe,
fleurons, etc., dessinés par *Meissonnier* et
A. Féart.

1629. **Boucher** (Adolphe). Fin des
Mystères contenant 20 beaux dessins tirés du roman des Mystères
de Paris, texte entièrement inédit
par Adolphe Boucher. Dessins par
Théoph. Fragonard. *Paris, Prin,*
1845; in-8, br.   10 fr.

Lithographies de *Fragonard*. — Taches
de rousseur.

1630. **Bouchot** (Henri). Les Femmes de Brantôme. *Paris, Quantin,*
1890; in-4, br.   15 fr.

Ouvrage orné de 30 planches hors texte
et de nombreuses gravures dans le texte
reproduites d'après les originaux.

1631. **Bougeant** (le P.). Histoire
des Guerres et des Négociations
qui précédèrent le traité de Vest-
phalie, composée sur les Mémoires
du comte d'Avaux. *Paris, Mariette,*
1727; 3 vol. in-4, mar. rouge, dos
orné, fil., tr. dor. (*Rel. anc.*). 100 fr.

Bel exemplaire en GRAND PAPIER.

1632. **Boulanger** (Général). L'Invasion allemande. Guerre franco-
allemande de 1870-71. *Paris, Rouff,*
1888; 3 vol. gr. in-8, fig., cart.,
non rogné.   12 fr.

Illustrations dans le texte.

1633. **Bourdin** (Gilles). La Paraphrase de M. Gilles Bourdin, pro-
cureur général en la cour de Parlement de Paris, sur l'ordonnance
de l'an mil cinq cens trente-neuf.
Paris, Jean Borel, 1578; pet. in-8,
veau brun.   5 fr.

1634. **Bourelly** (Général). Les Per-
les de la Côte d'Azur. La Rivière
du cap Roux au torrent Saint-Louis.
Monaco; Monte-Carlo; les routes
du littoral et de la Corniche; Men-
ton et ses environs. *Paris, Renouard,*

1900; gr. in-4, cart. toile, tête
dor.   15 fr.

1635. **Bourgeois** (Émile). Le Grand
Siècle. Louis XIV, les arts, les
idées d'après Voltaire, Saint-Simon,
Spanheim, Dangeau, Mme de Sévi-
gné, Choisy, La Bruyère, Laporte,
etc. *Paris, Hachette,* 1896; in-4,
br.   30 fr.

Ouvrage illustré d'un très grand nombre de gravures d'après les documents
originaux de l'époque. — Couverture en
parchemin imprimée en or.

1636. **Bourgoin.** Les Éléments de
l'Art arabe. Le trait des entrelacs.
Paris, Didot, 1879; in-4, *en feuilles*
dans un carton.   25 fr.

Ouvrage illustré de 200 planches, dont
10 en chromolithographie, et publié à
50 fr.

1637. **Bournand.** Histoire de l'Art
en France. *Paris,* 1891; in-4, br. 12 fr.

Portraits et vignettes.

1638. **Bournand** (F.). Histoire des
arts décoratifs et industriels en
France. *Paris,* s. d.; gr. in-8, br. 4 fr.

Nombreuses figures.

1639. **Bramine** (le) inspiré (par Robert Dodsley) traduit de l'anglais
par M. l'Escallier. *Berlin, Etienne
de Bourdeaux,* 1751; in-12, veau
marbr., fil., dos orné (*Bruyère*). 10 fr.

Frontispice, titre encadré.

1640. **Branthôme.** Œuvres complètes de Pierre de Bourdeilles,
abbé et seigneur de Branthôme
suivies des œuvres d'André de
Bourdeilles et d'une table générale
avec une introduction et des notes
par M. Prosper Mérimée et Louis
Lacour. *Paris, Jannet,* 1858-1859;
3 vol. in-12, demi-rel. veau fauve,
dos ornés, têtes dor., éb. (*Du-
charme*).   15 fr.

Bel exemplaire. Ces trois volumes con-
tiennent *La vie des grands hommes*.

BRETAGNE

1641. **Anthologie** des Poètes bretons du XVIIe siècle, par Stéphane
Halgan, le comte de Saint-Jean,
Olivier de Gourcuff et René Ker-
viler. *Nantes, Société des bibliophiles bretons,* 1884; in-4, br. 9 fr.

Exemplaire sur GRAND PAPIER VERGÉ.
Portrait de René Le Pays en héliogravure
et fac-simile de lettres.

1641bis. **Archives** de Bretagne. Recueil d'actes, de chroniques et de documents historiques rares ou inédits publié par la Société des bibliophiles bretons. *Nantes, Société des bibliophiles bretons*, 1883-1895 ; 6 vol. in-4, br. 50 fr.

Tomes Ier. Privilèges de la ville de Nantes. — Tome III. Le Mystère de Ste-Barbe. — Tome IV, VII, VIII. Lettres et Mandements de Jean V.
(Les tomes 2 et 5 manquent).

1642. Belordeau (Pierre). Les Coustumes générales des pays et duché de Bretagne. Avec la paraphrase et explication litérale et analogique, sur tous les articles d'icelle. Troisième édition. *Paris. Nic. Buon*, 1635 ; in-4, veau. (*Rel. anc.*) 15 fr.

Légères piqûres de vers.

1643. Belordeau (Pierre). Les Coustumes générales des pays et duché de Bretagne. Avec la paraphrase et explication litérale et analogique sur tous les articles d'icelles. Cinquième édition. *Rennes, Pierre Garnier*, 1656 ; in-4, demi-rel. veau. 10 fr.

Légères mouillures.

1644. Buhez santez nonn, ou vie de Sainte Nonne et de son fils Saint Devy (David), mystère composé en langue bretonne antérieurement au XIIe siècle, par l'abbé Sionnet et accompagné d'une traduction littérale de M. Legonidec. *Paris, Merlin*, 1837 ; in-8, br. 4 fr.

1645. Bulletin et Mémoires de la Société archéologique du département d'Ille-et-Vilaine. *Rennes*, 1862-1867 ; 5 vol. in-8, br. 20 fr.

5 premières années : 1861 à 1865.

1646. Buron (L.). La Bretagne catholique. Description historique et pittoresque précédée d'une excursion dans le Bocage vendéen. *Paris et Lyon, Périsse*, 1856 ; in-8, br. 4 fr.

Illustrations lithographiques par *Devaux*.

1647. Chassin (Ch.-L.). La Préparation de la guerre de Vendée, 1789-1793. *Paris, Paul Dupont*, 1892 ; 3 vol. in-8, br. 15 fr.

1648. Chassin (Ch.-L.). La Vendée patriote, 1793-1800. *Paris, Paul Dupont*, 1892-1895 ; 4 vol. in-8, br. 18 fr.

1649. Commequiers (Ch. de). Chroniques bretonnes des XIIIe, XIVe et XVe siècles. *Paris, Bousquet*, 1833 ; in-8, br. 4 fr.

1650. Cornulier (Ernest de). Essai sur le Dictionnaire des terres et des seigneuries comprises dans l'ancien comté Nantais et dans le territoire actuel du département de la Loire-Inférieure. *Paris et Nantes*, 1857 ; in-8, br. 5 fr.

1651. Courson (Aurélien de). Histoire des peuples Bretons, dans la Gaule et dans les îles Britanniques. Langue, coutumes, mœurs et institutions. *Paris, Furne et Bourdin*, 1846 ; 2 vol. gr. in-8, br. 10 fr.

1652. Coutume de Bretagne, et usances particulières de quelques villes et territoires de la mesme province. Avec des observations très sçavantes, quantité de décisions et d'arrêts, par M. ***. *Nantes, Verger*, 1725 ; in-4, veau. 15 fr.

Ces observations, dites de l'anonyme, sur les coutumes de Bretagne ont été rédigées par Motays, avocat au parlement de cette province.

1653. Cunat (Ch.). Histoire de Robert Surcouf, capitaine corsaire. *Paris, J. Chapelle, s. d.* ; in-8, cart. toile. 10 fr.

Portrait et lithographies par *Morel Fatio* et *Badin*.

1654. Delaporte. Recherches sur la Bretagne. *Rennes*, 1819 ; 2 vol. in-8, demi-rel. 6 fr.

1655. Deniau (L'abbé). Histoire de la Vendée d'après des documents nouveaux et inédits. *Angers, Lachèse et Dolbeau* (1878-1883) ; 6 vol. in-8, br. 25 fr.

1656. Deric. Histoire ecclésiastique de Bretagne, par M. Deric. Deuxième édition. *Saint-Brieuc*, 1847 ; 2 vol. in-4, br. 30 fr.

Papier vergé.

1657. Dubouchet (H. et G.). Zig-Zags en Bretagne. *Paris, Lethielleux*, 1894 ; in-4, br. 12 fr.

Figures de *Berteaux, J. Breton, Th. Deyrolle, Français, Le Maire, Le Sénéchal*, etc. — Couverture illustrée.

Et de Livres anciens et modernes

1658. **Du Bouëtiez de Kerorguen.** Recherches sur les Etats de Bretagne, la tenue de 1736. *Paris, Dumoulin,* 1875 ; 2 vol. in-8, br.   10 fr.

1659. **Ducrest de Villeneuve** et **Maillet.** Histoire de Rennes. *Rennes, Ed. Morault,* 1845 ; in-4, br.   5 fr.

     2 plans de l'ancienne ville de Nantes.

1660. **Dufail** (Noel). Les plus solemnels Arrests et reglemens du Parlement de Bretagne, recueillis par Messire Noel Dufail, sieur de la Herrissaye. Revus, corrigez et augmentez par Me Michel Sauvageau. *Nantes, Jac. Maréchal,* 1715-1716 ; 2 vol. in-4, veau.   20 fr.

1661. **Du Guesclin.** Histoire de Messire Bertrand du Guesclin, connestable de France, duc de Malines, comte de Longueville et de Burgos, contenant les guerres, batailles et conquestes faites sur les anglois, espagnols, escrite l'an 1387. Nouvellement mise en lumière par Me Claude Ménard. *Paris, Séb. Mabre-Cramoisy,* 1618 ; in-4, veau fauve, fil. (*Rel. anc.*).   25 fr.

     Traduction en prose d'une vieille chronique.
     Bon exemplaire. Mouillures.

1662. **Dupuy** (Ant.). Histoire de la réunion de la Bretagne à la France. *Paris, Hachette,* 1880 ; 2 vol. in-8, br.   10 fr.

1663. **Estaintot** (Robert d'). La Ligue en Normandie. 1588-1594. Avec de nombreux documents inédits. *Paris, Aug. Aubry,* 1862 ; in-8, br.   4 fr.

1664. **Freminville.** Antiquités de la Bretagne. Côtes-du-Nord. *Brest, Lefournier,* 1837 ; in-8, br.   4 fr.
     Portrait et 11 lithographies.

1665. **Freminville.** Antiquités de la Bretagne. Finistère. *Brest, Lefournier et Deperiers,* 1832-1835 ; 2 vol. in-8, cart. toile.   10 fr.
     Ouvrage illustré de lithographies.

1666. **Genoude** (Eugène). Voyage dans la Vendée et dans le midi de la France. *Paris, H. Nicolle,* 1821 ; in-8, br.   4 fr.

1667. **Girard** (B.). La Bretagne maritime. *Rochefort-sur-Mer,* 1889 ; in-8, br.   6 fr.

1668. **Goudé** (l'abbé). Histoire de Chateaubriant, baronnie, ville et paroisse. *Rennes,* 1870 ; gr. in-8, br.   10 fr.

1669. **Gruel.** Histoire d'Artus III, duc de Bretaigne et connestable de France contenant ses mémorables faicts depuis l'an 1413 jusqu'en l'an 1457 (par Guill. Gruel). De nouveau mise en lumière par Théodore Godefroy. *Paris, Abr. Picard,* 1622 ; in-4, veau.   25 fr.

     Mouillures. Rare volume.

1670. **Habasque.** Notions historiques, géographiques, statistiques et agronomiques sur le littoral du département des Côtes-du-Nord. *Saint-Brieuc,* 1832-1836 ; 3 vol. in-8, br.   15 fr.

1671. **Johanet** (Auguste). La Vendée à trois époques, de 1793 jusqu'à l'Empire. 1815-1832. *Paris, Dentu,* 1840 ; 2 vol. in-8, br.   8 fr.

1672. **La Borderie** (Arthur de). Essai sur la Géographie féodale de la Bretagne, avec des fiefs et seigneuries de cette province. *Rennes, Plihon et Hervé,* 1889 ; gr. in-8, br.   5 fr.

1673. **La Borderie, J. Daniel, Perquis** et **Tempier.** Monuments originaux de l'Histoire de Saint Yves, publiés pour la première fois. *Saint-Brieuc, impr. Prud'homme,* 1887 ; gr. in-4, fig., br.   50 fr.

     Belle publication tirée à 75 exemplaires sur GRAND PAPIER DE HOLLANDE pour les seuls souscripteurs.

1674. **La Monneraye** (C. de). Essai sur l'histoire de l'Architecture religieuse en Bretagne pendant la durée des XIe et XIIe siècles. *Rennes, Mme de Cailà,* 1849 ; in-8, pl., br.   4 fr.

1675. **La Trémoille.** Correspondance de Charles VIII et de ses conseillers avec Louis II de la Tremoille pendant la guerre de Bretagne (1488) publiée d'après les originaux par Louis de La Tremoille. *Paris,* 1875 ; gr. in-8, br.   15 fr.

     Tiré à 300 exemplaires. PAPIER DE HOLLANDE.

Achat de Bibliothèques

1676. **La Trémoille** (Louis de). Inventaire de François de la Tremoille, 1542, et comptes d'Anne de Laval. Publiés d'après les originaux. *Nantes, Émile Grimaud,* 1887 ; in-4, br. 30 fr.
PAPIER VERGÉ.

1677. **La Trémoille** (Louis de). Livre de comptes 1395-1406. Guy de la Trémoille et Marie Sully. Publié d'après l'original. *Nantes, Émile Grimaud,* 1887 ; in-4, br. 30 fr.
PAPIER VERGÉ.

1678. **Le Claire** (l'abbé). L'ancienne paroisse de Carentoir. Orné de plusieurs gravures et d'une carte. *Vannes, Lafolye,* 1896 ; in-8, br. 4 fr.

1679. **Le Duc** (Dom Placide). Histoire de l'abbaye de Sainte-Croix de Quimperlé, publiée par R.-F. Le Men. *Quimperlé,* 1863 ; in-8, br. 4 fr.
Manque le titre.

1680. **Le Gonidec**. Dictionnaire français-breton, enrichi d'additions et d'un essai sur l'histoire de la langue bretonne par Th. Hersart de la Villemarqué. *Saint-Brieuc,* 1847 ; in-4, veau racine, dos orné, tête dor., *non rogné.* 25 fr.

1681. **Legonidec**. Grammaire Celto-Bretonne, contenant les principes de l'orthographe, de la prononciation, de la construction des mots et des phrases, selon le génie de la langue celto-bretonne. *Paris, Lebour,* 1807 ; in-8, br. 5 fr.

1682. **Le Jean** (G.). La Bretagne, son histoire et ses historiens. *Nantes et Paris,* 1850 ; in-8, br. 4 fr.

1683. **Le Jean** (G.). La Bretagne, son histoire et ses historiens. *Nantes et Paris,* 1850 ; in-8, demi-rel. veau. 5 fr.

1684. **Lemière** (P.-L.). Étude sur les Celtes et les Gaulois et recherches des peuples anciens appartenant à la race celtique ou à celle des Scythes. *Paris, Maisonneuve,* 1881 ; in-8, br. 6 fr.

1685. **Lobineau**. Les Vies des Saints de Bretagne, et des personnes d'une éminente piété qui ont vécu dans la même province. Par dom Gui-Alexis Lobineau. Enrichies de figures en taille-douce. *Rennes, comp. des imprimeurs-libraires,* 1724 ; in-fol., demi-rel. veau. 45 fr.
Bel exemplaire.

1686. **Mahé** (J.). Essai sur les antiquités du département du Morbihan. *Vannes,* 1825 ; in-8, dem. veau. 4 fr.
5 planches.

1687. **Maillard** (E.). Histoire d'Ancenis et de ses barons. *Nantes,* 1860 ; in-8, fig., br. 4 fr.

1688. **Maître** (Léon). Dictionnaire topographique du département de la Mayenne comprenant les noms de lieu anciens et modernes. *Paris, impr. Nationale,* 1878 ; in-4. 12 fr.
PAPIER VERGÉ.

1689. **Mémoires** sur la Vendée, comprenant les mémoires inédits d'un ancien administrateur militaire des armées républicaines, et ceux de Madame de Sapinaud. *Paris, Baudouin.* 1823 ; in-8, cart. 5 fr.

1690. **Miorcec de Kerdanet**. Notices chronologiques sur les théologiens, jurisconsultes, philosophes, artistes, littérateurs, poètes, bardes, troubadours et historiens de la Bretagne, depuis le commencement de l'ère chrétienne jusqu'à nos jours. *Brest, impr. Michel,* 1818 ; in-8, demi-rel. veau. 6 fr.
Rare.

1691. **Monicart** (J.-B. de). Versailles immortalisé par les merveilles parlantes des Bâtiments, Jardins, Bosquets, Parcs, Statues, Pièces d'eaux, Tableaux qui sont dans les châteaux de Versailles, de Trianon, de la Ménagerie et de Marly. Composé en vers libres françois par le sieur Jean-Baptiste de Monicart. *Paris, Ganeau,* 1720 ; 2 vol. in-4, veau granit. 35 fr.
Cet ouvrage est illustré de planches gravées sur cuivre donnant des vues perspectives du château, la reproduction des statues ornant les jardins, ainsi que les tableaux placés dans les appartements royaux.

1692. **Morice** (Dom Pierre-Hyacinthe) et dom **Taillandier**. Histoire ecclésiastique et civile de Bretagne. *Paris, Delaguette,* 1750-

Et de Livres anciens et modernes

1756 ; 2 vol. — Mémoires pour servir de preuves à l'histoire de Bretagne. *Paris, Osmond, 1742-1746* ; 3 vol. Ens. 5 vol. in-fol., front., veau fauve, dos orné, fil., tr. dor. (*Rel. anc.*). 250 fr.

Rare ouvrage très recherché, surtout à cause des preuves qui présentent une infinité de pièces curieuses. — Très bel exemplaire.

1693. **Ogée**. Dictionnaire historique et géographique de la province de Bretagne, par Ogée. Nouvelle édition revue et augmentée par MM. A. Marteville et P. Varin. *Rennes, Molliex*, 1843-1853 ; 2 vol. in-4 à 2 col., br. 15 fr.

1694. **Perthuis** et **S. de la Nicollière-Teijeiro**. Le Livre doré de l'hôtel de ville de Nantes avec les armoiries et les jetons des maires. *Nantes, Jules Grinsard*, 1873 ; 2 vol. gr. in-8, br. 15 fr.

1695. **Pitre-Chevalier**. Bretagne et Vendée. Histoire de la Révolution française dans l'Ouest. *Paris, W. Coquebert, s. d.* (1845); gr. in-8, demi-rel. 8 fr.

Illustré de 200 grav. sur bois intercalées dans le texte ; et 40 planches tirées à part comprenant : portraits, vignettes, armoiries, par A. Leleux, O. Lenguily, T. Johannot. On a joint le prospectus. Mouillures. Reliure fatiguée.

1696. **Quellien** (N.). Chansons et danses des Bretons. *Paris, Maisonneuve et Leclerc*, 1889 ; in-8, br. 4 fr.

1697. **Régis de l'Estourbeillon.** La Noblesse de Bretagne. Notices historiques et généalogiques par le Cᵗᵉ Régis de l'Estourbeillon. Précédées d'une introduction par le Vᵗᵉ de Lisle. *Vannes, impr. Lafolye*, 1891-1895; 2 vol. in-4, br. 20 fr.

Nombreux blasons dans le texte. — PAPIER VERGÉ.

1698. **Richer** (Ed.). Précis de l'histoire de Bretagne. *Nantes, Mellinet-Malassis*, 1821 ; in-4, br. 8 fr.

1699. **Roman** (Le) d'Aquin, ou la conqueste de la Bretaigne par le roy Charlemaigne. Chanson de geste du XIIᵉ siècle, publiée par F. Joüon des Longrais. *Nantes, Société des Bibliophiles bretons*, 1880 ; in-4, br. 15 fr.

PAPIER VERGÉ. L'un des 200 exemplaires non mis dans le commerce.

1700. **Rouault** (Marie). Œuvres posthumes. 20 planches publiées par les soins de P. Lebesconte, suivies de les Cruziana et Rysophycus, connus sous le nom général de Bilobites , 2 planches par Lebesconte. *Rennes , Oberthur*, 1883 ; gr. in-4, br. 15 fr.

1701. **Roujoux**. Histoire des rois et des ducs de Bretagne. Nouvelle édition. *Paris, Dufey*, 1839 ; 4 vol. in-8, br. 10 fr.

1702. **Troude**. Nouveau Dictionnaire pratique français et breton du dialecte de Léon. *Brest, Lefournier*, 1869 ; in-8, br. 5 fr.

1703. **Zeiller** (Martin). Topographiæ Galliæ, sive descriptionis et delineationis famosissimorum locorum in Galliæ. *Francoforti, apud Cosparum Merianum*, 1661 ; pet. in-fol., br. 12 fr.

Description de la Bretagne seule, avec 8 planches sur cuivre.

1705. **Breton** (Ernest). Pompéia décrite et dessinée par Ernest Breton. Suivie d'une notice sur Herculanum. *Paris, Gide et Baudry*, 1855 ; in-8, demi-rel. 5 fr.

ÉDITION ORIGINALE, illustrée de jolies gravures sur bois. Piqûres.

1706. **Breton** (Ernest). Athènes décrite et dessinée, suivie d'un voyage dans le Péloponèse. *Paris, Gide*, 1862 ; gr. in-8, br. 8 fr.

Figures sur bois.

1707. **Brongniart** (A.) et D. **Riocreux**. Description méthodique du Musée Céramique de la Manufacture royale de porcelaine de Sèvres. *Paris, A. Leleux*, 1845 ; 2 vol. in-4 carré, veau fauve, dos orné, 3 fil. et armes sur les plats, tr. dor. (*Chipot*). 160 fr.

Ouvrage comprenant un volume de texte et un album de 80 planches coloriées (sauf 13 qui sont en noir).

1708. **Brunton** (Thomas). Chronologie universelle depuis la création jusqu'à l'ère vulgaire. Concordance des époques avec les livres saints. Marche synchronique de tous les peuples et canon de toutes les dates sacrées et profanes. *Aix-en-Pro-*

Achat de Bibliothèques

vence, Remondet-Aubin, 1872 ; 2 vol. in-4, br. 8 fr.

1709. Bullet. Dissertations sur différens sujets de l'Histoire de France. *Besançon, Charmet*, 1759 ; in-8, demi-rel. mar. brun, tête dor., *non rogné (Thivet).* 7 fr.

Dissertations sur les fleurs de lis ; sur les supports des armes de nos rois : sur le bleu ; sur la main de justice : sur Mont-Joye-S.-Denis : sur l'oriflamme ; sur le nom des françois ; etc.

1710. Burty (Philippe). Froment-Meurice, argentier de la ville (1802-1855). *Paris, Jouaust*, 1883 ; in-4, br. 8 fr.

Portrait et planches à l'eau-forte.

1711. Byron (Lord). Œuvres complètes, traduction de M. Amédée Pichot. *Paris, Ledentu*, 1838 ; gr. in-8, demi-veau fauve, dos orn. 8 fr.

Dixième édition illustrée du portrait de Lord Biron et de nombreuses fig. sur acier.

1712. Cabinet Satyrique (Le) ou recueil de vers piquans et gaillards tirés des cabinets des sieurs de Sigognes, Regnier, Motin, Berthelot, Maynard, et autres plus signalez poëtes. *Au Mont-Parnasse, de l'imprimerie de Messer Apollon. L'année Satirique*, (vers 1700) ; 2 vol. in-12, veau, dos ornés. (*Rel. anc.*). 60 fr.

Aux armes de Vincent-Etienne, Nicolas ROUJAULT, président au parlement de Paris.

1713. Cahier (le P. Ch.). Nouveaux mélanges d'archéologie, d'histoire et de littérature sur le Moyen Age. *Paris, Firmin Didot*, 1874-1877 ; 4 vol. gr. in-4, br. 150 fr.

Nombreuses illustrations dans le texte et hors texte ornant cet ouvrage estimé, dont l'érudition n'est plus à démontrer.

1714. Cahiers d'enseignement illustrés. Uniformes des armées française et étrangères. *Paris, Baschet*, 1884 ; 3 vol. in-8 carré, demi-rel. mar. brun, *non rognés.* (*Lemardeley*). 20 fr.

Collection de 60 cahiers illustrés de nombreuses planches en couleur, par *Dumaresq, Grasset, Marius-Roy, Juillerat, Chaperon, Dich de Lonlay, Geoffroy, Bugge, Mirbach*, etc., donnant les costumes des armées française (terre et mer), allemande, angleterre, autrichienne, italienne, suédoise, espagnole, danoise, etc.

1715. Cailhava. Les Contes en vers et en prose de feu l'abbé de Colibri ou le soupé, conte composé de mille et un contes. *Paris, impr. Didot, an VI* (1798); 2 tomes en un vol. in-18, demi-rel. dos et coins de mar. rouge, tête dor., *non rogné.* 10 fr.

1716. Caillot-Duval. Correspondance philosophique rédigée d'après les pièces originales, et publiée par une société de littérateurs lorrains. *Nancy et Paris*, 1795 ; in-8, br. 10 fr.

ÉDITION ORIGINALE de cette correspondance, mystification célèbre dont les véritables auteurs furent le comte Alphonse Fortia de Piles et le chevalier Boisgelin de Kerdu.

1717. Calderon. Théâtre, traduit par M. Damas Hinard, avec une introduction et des notes. *Paris*, 1869 ; 3 vol. in-12, demi-veau rouge. 9 fr.

1718. Calvin (Jehan). Institution de la religion chrestienne. nouvellement mise en quatre livres : et distinguée par chapitres, en ordre et méthode bien propre : augmentée aussi de tel accroissement qu'on la peut presque estimer un livre nouveau. *Paris, Ch. Meyrueis*, 1859 ; 2 vol. in-8, demi-rel. chagr. La Vallière. 10 fr,

Excellente édition, l'une des plus correctes du célèbre ouvrage de Calvin. Deux tables très détaillées et très bien faites, l'une des matières principales, l'autre des passages de l'Ecriture. rendent les recherches faciles et ajoutent encore de l'intérêt à l'ouvrage.

1719. Canina (Luigi). Indicazione topografica di Roma antica, in corrispondenza dell'epoca imperiale. *Roma, daitipi dello stesso Canica*, 1850 ; in-8, cart. perc. noire. 7 fr.

Ouvrage des plus curieux, plein de savantes recherches sur la topographie de Rome ancienne. L'emplacement de chaque voie et monument civil, religieux ou militaire est fixé le plus exactement après sérieux examen.

1720. Capitales du monde (Les). *Paris, Hachette*, 1892 ; in-4, demi-rel. mar. rouge avec coins, fers spéciaux de l'éditeur, tête dorée, *non rogné.* 16 fr.

Très bel ouvrage donnant la description des 25 principales capitales du monde. Texte par les principaux écrivains contemporains : François Coppée, M. de Vogüé, Pierre Loti, G. Boissier, A. Dayot, Ed. Rod, Carmen Sylva, M. Barrès, H. Havard, Emilio Castelar, etc. Nombreuses gravures sur bois dans le texte et hors texte d'après les dessins de *Zuber, Forain, Bé-*

Et de Livres anciens et modernes

raud, *Detaille, Boudier, Chéret, Myr-bach, Rochegrosse, B. Constant, Bon-nat, Vogel, Corot, Friant, Régamey, de Neuville, H. Pille, Gotorbe,* etc.

1721. Caquet-Bonbec, la poule à ma tante, poëme en sept chants. Nouvelle édition (par de Jun-quières). *Paris, Drost,* 1802 ; in-12, demi-rel. chagr. bleu, *non ro-gné.*   4 fr-

Titre-frontispice gravé.

1722. Cassini de Thury. Avertis-tissement ou introduction à la carte générale et particulière de la France. *S. l. n. d. (Paris,* 1744); in-4, veau fauve, dos orné, fil., tr. dor. (*Rel. anc.*).   10 fr.

Aux armes de TRUDAINE DE MONTIGNY, conseiller d'Etat, intendant général des Finances.

1723. Casti (J.-B.). Les animaux parlants, poëme héroï-comique de Casti ; traduction nouvelle par L.-J. Alary. *Moulins, Martial Place,* 1847 ; 2 vol. in-8, br., couv. ill.   30 fr.

Édition illustrée du portrait de Casti et 39 fig. par *T. de Jolimont.*

1724. Castille (Hippolyte). Portraits historiques et politiques au dix-neuvième siècle. *Paris, F. Sarto-rius et Dentu,* 1856-1862 ; 80 fasc. in-12, portr. et autogr., br.   25 fr.

PREMIÈRE ET SECONDE séries.— Manque le fascicule 47 de la 1ʳᵉ série.
Le fascicule 20 est double : il comprend le Comte de Persigny et Frédéric-Guil-laume IV.

1725. Catalogue de la bibliothèque de M. Félix Solar. *Paris, Techener,* 1860 ; in-8, demi-rel. dos et coins de chagr. rouge, tête dor., *non ro-gné.*   8 fr.

Prix ms. d'adjudication.

1726. Catalogue de l'exposition de gravures anciennes et modernes. *Paris, Cercle de la librairie,* 1881 ; in-4 en feuilles dans un carton. 6 fr.

Nombreuses reproductions par les diffé-rents procédés : gravure, photogravure, lithographie, chromolithographie, etc.

1727. Catalogue des livres de feu M. CROSAT (*sic*), Baron de Thiers. *Paris, Saillant et Nyon,* 1771 ; in-8, br.   6 fr.

1728. Caylus (Mᵐᵉ de). Les souve-nirs de Madame de Caylus. *Ams-terdam, Rey,* 1770; in-12, demi-

.rel. chagr. violet, dos orné, tête dorée.   10 fr.

Édition originale publiée par les soins de Voltaire. Texte encadré.

1729. Cazotte. Ollivier. poème (en prose). *Paris, Didot l'aîné, an VI* (1798) ; 2 vol. in-18, veau granit, dos orné, dent., tr. dor. (*Rel. anc.*).   35 fr.

12 charmantes figures AVANT LA LETTRE par *Lefebvre,* gravées par *Godefroy.* Exemplaire sur PAPIER VÉLIN.

1730. Cent dessins de Maîtres re-produits en fac-similé. *Paris, H. Launette,* 1885 ; in-8, cart. toile. 5 fr.

1731. Cérémonies de gages de bataille selon les constitutions du bon roi Philippe de France. *Paris, impr. de Crapelet,* 1830 ; gr. in-8, fig., demi-rel., dos et coins de mar. rouge, dos orné, tête dor. *non rogné.*   20 fr.

11 planches lithographiées par *Mᵐᵉ For-mentin.*

1732. Cervantès (Michel). L'Ingé-nieux Don Quichotte de la Manche, traduit et annoté par Louis Viardot. *Paris, J.-J. Dubochet,* 1836-1837 ; 2 vol. gr. in-8, demi-chag. vert, dos ornés.   18 fr.

Exemplaire du 1ᵉʳ TIRAGE, illustré de 2 fig. sur Chine et de 2 titres frontispices et de nombreuses vignettes, par Tony-Johannot. Piqûres.

1733. Champfleury. Chansons po-pulaires des provinces de la France, notice par Champfleury, accompa-gnement de piano par J.-B. We-kerlin. T. IV. *Paris, Bourdillat,* 1860 ; gr. in-8, br.   8 fr.

T. IV seul, comprenant, Noël, Chanson de mai, ballades, chansons de métiers, rondes, chansons de mariées.
Frontispice et vignettes.

1734. Champfleury. Les Vignettes romantiques. Histoire de la litté-rature et de l'art. 1825-1840. 150 vignettes par Célestin Nanteuil, Tony Johannot, Devéria, Jeanron, Edouard May, Jean Gigoux, Ca-mille Rogier, Achille Allier. *Paris, Dentu,* 1883 ; in-4, br., couv. 25 fr.

Cet ouvrage est suivi d'un catalogue des romans, drames, poésies, ornés de vi-gnettes, de 1825 à 1840.

1735. Chappuzeau (Samuel). Le Théâtre françois, accompagné d'une préface et de notes par G. Monval.

Achat de Bibliothèques

Paris, J. Bonnassies, 1876 ; in-8, br., papier teinté.   3 fr.

1736. **Charpilon** et **Caresme**. Dictionnaire historique, géographique et statistique de toutes les communes du département de l'Eure, par M. Charpilon, ancien juge de paix et M. l'abbé Caresme. *Les Andelys, Delcroix,* 1873 ; 2 vol. in-4, br.   20 fr.

Figures gravées sur bois.

1737. **Charron** (Pierre). De la sagesse, livres III, par M. Pierre Le Charron, parisien, chanoine théologal et chantre en l'église cathédrale de Condom. *Bourdeaus, Simon Millanges,* 1606 ; in-12, veau, fil., dos orné, tr. dor.   10 fr.

1738. **Chateaubriand**. Œuvres de M. le vicomte de Chateaubriand, de l'Académie française. *Paris, Lefèvre,* 1838 ; 6 vol. in-8, demi-rel. mar. vert.   35 fr.

Édition ornée d'un portrait de Chateaubriand et des jolies figures de *A.* et *T. Johannot,* publiées par Furne.

1739. **Chaussard**. Fêtes et courtisanes de la Grèce. Supplément aux voyages d'Anacharsis et d'Antenor ; comprenant : la chronique religieuse des anciens grecs, tableaux de leurs mœurs publics ; la chronique qu'aucuns nomment scandaleuse, tableau de leurs mœurs privés ; un almanach athénien ; la description des danses grecques, etc. *Paris,* 1821 ; 4 vol. in-8, demi-veau fauve, dos ornés, tr. marb.   30 fr.

Édition ornée de 4 figures par *Garnerey,* gravées par *R. de Launay;* 6 feuillets d'air, gravés par *Richomme;* la planisphère des travaux d'Hercule ; 6 planches se dépliant et représentant des coiffures, meubles, vases, parures, bijoux, instruments de musique, etc., dessinées et gravées par *Garnerey.*

1740. **Cherville** (Marquis G. de). Les Bêtes en robe de chambre. *Paris, F. Didot,* 1891 ; in-4, cart. toile, fers spéciaux, tr. dor. 7 fr.

Illustré de nombreuses gravures sur bois et de 8 planches en couleurs.

1741. **Cherville** (G. de). Les Chiens et les Chats. Préface d'Alex. Dumas. *Paris, librairie de l'Art,*

1888 ; in-4, cart. toile rouge, tr. dor., *non rogné.*   15 fr.

6 eaux-fortes et 145 dessins d'*Eugène Lambert.*

1742. **Chennevières** (Marquis de). Les Dessins des maîtres anciens exposés à l'école des Beaux-Arts en 1879. *Paris,* 1880 ; gr. in-8, br.   8 fr.

Reproduction hors texte et dans le texte.

1743. **Chenu** (le Dr Charles). Encyclopédie d'histoire naturelle ou traité complet de cette science (Botanique). *Paris, Marescq, s. d.;* 2 tomes en un vol. gr. in-8, demi-rel. veau fauve, tr. jaspée. 10 fr.

Planches hors texte et dans le texte gravées sur bois.

1744. **Chevalier** (Ch.). Des Microscopes et de leur usage. Manuel complet de Micrographe. *Paris, Crochard,* 1839 ; gr. in-8, br., couv.   3 fr.

Orné de 5 planches.

1745. **Chronicon** placentinum et chronicon de rebus in Italia gestis, historiæ stirpis imperatoriæ Suevorum illustrandæ aptissima, ad fidem parisiensis et londinensis codicum nunc primum recensuit, edidit et præfatione instruxit J.-L.-A. Huillard-Bréholles. *Parisiis, H. Plon,* 1856 ; in-4, br.   10 fr.

Cet ouvrage, imprimé sur PAPIER DE HOLLANDE, aux frais du duc de Luynes, est fort intéressant pour l'histoire de l'Italie au treizième siècle.

1746. **Clapier** (A.). Marseille, son passé, son présent, son avenir. *Paris, Guillaumin,* 1863 ; in-8, demi-rel. chagrin brun.   4 fr.

1747. **Cocheris**. Les Parures primitives. *Paris, Jouvet,* 1894 ; in-4, br.   5 fr.

Ouvrage illustré de 209 gravures d'après *Sellier.*

1748. **Cohen** (Henry). Guide de l'amateur de livres à figures et à vignettes du XVIIIe siècle. Troisième édition, entièrement refondue et considérablement augmentée, par Charles Mehl. *Paris, Rouquette,* 1876 ; in-8, dem. chag.   25 fr.

1749. **Collection** des chroniques nationales françaises, avec notes et

Et de Livres anciens et modernes

éclaircissements par J.-A. Buchon. *Paris, Verdière,* 1824-1829; 22 vol. in-8, demi-rel. dos et coins veau vert, dos ornés, tr. jasp. 80 fr.

Froissart, 16 vol. — Chastelain, 3 vol. — Lignages, 2 vol. — Ville-Hardouin, 1 vol.

1750. **Collection** des Petits Conteurs. *Rouen, Lemonnyer,* 1878-1880; 8 tomes en 5 vol. in-12, cart. toile, *non rognés.* 50 fr.

Contes et nouvelles en vers, par Voltaire, Vergier, Sénecé, Perrault. Moncrif et le P. Ducerceau, 2 vol. — Contes et nouvelles en vers, par Jean de La Fontaine, 2 vol. — Le Fond du sac (par Nogaret), 2 vol. — Voltaire. La Pucelle d'Orléans, 2 vol. 60 fr.
Charmante édition imprimée sur PAPIER DE HOLLANDE illustrée de portraits et de jolies figures en tête par *Duplessi-Berteaux, Fesquet, Garnier* et autres.

1751. **Commines** (Ph. de). Les Mémoires de Messire Philippe de Commines, chevalier seigneur d'Argenton sur les principaux faicts et gestes de Louis XI et de Charles VIII son fils, rois de France. Le tout revu et corrigé sur l'édition de Denis Sauvage. *A Cologne pour Pierre et Jacques Chouët,* 1615; in-12, vél. 15 fr.

Portraits gravés sur bois du duc de Bourgogne, de Louis XI et de Philippe de Commines.

1752. **Congrès** provincial des Orientalistes, compte-rendu de la troisième session. Lyon, 1878. *Lyon, Pitrat,* 1880; 2 vol. in-4, br. 6 fr.

Nombreuses figures sur bois.

1753. **Contes et Nouvelles** en vers par Voltaire, Vergier, Sénecé, Perrault, Moncrif, le P. Ducerceau, Grécourt, Saint-Lambert, Campfort. Piron, Dorat, La Monnoye et François de Neufchateau. *Rouen, Lemonnyer,* 1879; 2 vol. in-8, dos et coins de mar. vert, tr. dor., n. rog. 30 fr.

Nombreuses vignettes. Très bel exemplaire sur PAPIER DE HOLLANDE.

1754. **Coster** (Ch. de). La Légende et les aventures héroïques, joyeuses et glorieuses d'Ulenspiegel et de Lamme Goedzak au pays des Flandres et ailleurs. Deuxième édition. *Paris, Lacroix,* 1869; in-4, br., couv. 40 fr.

32 eaux-fortes par *A. Hubert. Becker,* Smits. *Félicien Rops, H. Boulenger, Dillens, Lauters,* etc.

1755. **Costumes français** depuis Clovis jusqu'à nos jours, extraits des monuments les plus authentiques de sculpture et de peinture, avec un texte historique et descriptif, enrichi de notes sur l'origine des modes, les mœurs et usage des Français aux divers époques de la monarchie (par de Clugny). *Paris, Massard,* 1834-1839; 4 vol. in-8, demi-chag. bleu. 120 fr.

Superbe publication ornée de 642 planches coloriées (dont 2 doubles) représentant de grands personnages de l'histoire habillés dans le costume de leur époque.

1756. **Cousin** (Charles). Racontars illustrés d'un vieux collectionneur. *Paris, libr. de l'Art,* 1887; gr. in-4, br. 60 fr.

Très belle publication imprimée sur PAPIER DU JAPON, ornée de 50 planches hors texte: eaux-fortes, chromolithographies, etc., et de nombreux fac-similés d'autographes d'Octave Feuillet, duc d'Aumale, Camille Doucet, Coppée, etc.

1757. **Coville** (Alfred). Les États de Normandie, leurs origines et leur développement au XIVe siècle. *Paris, impr. nationale,* 1894; gr. in-8, br. 12 fr.

1758. **Crétineau-Joly**. Histoire de Louis-Philippe d'Orléans et de l'Orléanisme. *Paris, Lagny,* 1862; 2 vol. demi-rel. chagr. Lavall., plats toile, tr. rouge. 8 fr.

1759. **Custine** (Marquis de). La Russie en 1839. *Paris, Amyot,* 1846; 4 vol. in-12, br. couv. 8 fr.

1760. **Cyon** (Élie de). Histoire de l'Entente franco-russe, 1886-1894. Documents et souvenirs. *Paris, A. Charles,* 1895; portr., in-8. br. 5 fr.

1761. **Danican** (Auguste). Les Brigands démasqués ou mémoire pour servir à l'histoire du temps présent. *Londres, J. Deboffe,* 1796; in-8, portr., br. 8 fr.

Curieux portrait de Barras ayant une guillotine pour armoiries. Piqûres de vers.

1762. **Da Porto** (Luigi). Giuletta et Romeo. Nouvelle de Luigi da Porto, traduction, préface et notes par Henri Cochin. *Paris, Charavay,* 1879; in-8, cart. satin, *non rogné.* 8 fr.

Exemplaire sur PAPIER DE CHINE. Figures sur bois et en héliogravure.

Achat de Bibliothèques

1763. **Daudet** (Alph.). Contes choisis. *Paris. Librairie des Bibliophiles*, 1883 ; in-8, br., couv. 12 fr.

Ornés de sept eaux-fortes, par *E. Burnand*.

1764. **Dauphiné**. Documents historiques inédits pour servir à l'histoire du Dauphiné, publiés sur les manuscrits originaux, par le comte Douglas. *Grenoble, impr. Ed. Allier*, 1874-1881 ; 3 vol. in-4, br. 40 fr.

Vie de Soffrey de Calignon et ses poésies, 1 vol. avec portrait et planches généalogiques illustrées de blasons en chromolithographie. — Actes et correspondance du connétable de Lesdiguières, 2 vol.
Un des 125 exemplaires sur papier de Hollande (n° 80). — Déchirure au fauxtitre du tome III.

1765. **Décembre-Allonier**. Les merveilles du nouveau Paris. *Paris, Bernardin-Béchet*, 1867 ; gr. in-8, br., couv. 4 fr.

Ouvrage orné de 100 magnifiques gravures par *Delannoy, Lix, Clerget, Royer, Thorigny*, gravées par *Trichon*.

1766. **Découverte** (La) des équivoques et échapatoires des Jésuites, sur leur prétendu bannissement. *Paris, Crapelet*, 1830 ; gr. in-8, cart., papier vélin. 12 fr.

1767. **Delaborde** (Henri). La Gravure en Italie avant Marc-Antoine (1452-1505). *Paris, Rouam*, 1883 ; gr. in-4, fig., br. 15 fr.

De la *Bibliothèque internationale de l'art*, publiée sous la direction de M. Eug. Müntz.

1768. **Delaporte**. Les Malheurs et le retour des Bourbons, ou la chute du tyran ; récit gallique en vers et en quatre chants. *Paris, Patris*, 1814; in-8, demi-rel. chagr. vert. 4 fr.

1769. **Delavigne** (Casimir). Messéniennes et poésies diverses. Onzième édition. 1824; 2 vol. in-18, mar. rouge, dos ornés, fil. et dent. sur les plats, tr. dor. (*Rel. de l'époque*). 8 fr.

Orné de 6 figures de *Deveria*, gravées par *Godefroy, Touzé, Burdet* et *Mottet* et de 21 sujets gravés sur bois par *Thompson*.

1770. **Delestre** (J.-B.). Gros, sa vie et ses ouvrages. Deuxième édition, revue et augmentée. *Paris, Vve Renouard*, 1867; gr. in-8, br. 10 fr.

55 gravures dont 44 fac-similé de dessins et compositions inédits du maitre.

1771. **Delille** (Jacques). L'Imagination, poème. *Paris, impr. Didot*, 1816 ; 2 tomes en un vol. in-8, veau estampé, tr. dor. 10 fr.

Curieuse reliure ornée de fers à froid de l'époque de la Restauration.

1772. **Délices** (Les) des Pais-Bas, ou description générale de ses dix-sept provinces, de sés principales villes et de ses lieux les plus renommez par le chancelier Chrystin. *Brusselle, Fr. Foppens*, 1697 ; pet. in-12, demi-rel. veau. 5 fr.

Première édition de cet ouvrage orné de plans et de figures gravés sur cuivre.

1773. **Demandes** (Les) faites par le roi Charles VI touchant son état et le gouvernement de sa personne, avec les réponses de Pierre Salmon, publiées avec des notes historiques d'après les manuscrits de la Bibliothèque du roi par G.-A. Crapelet. *Paris, impr. de Crapelet*, 1833; gr. in-8, fig., demi-rel. mar. bleu avec coins, dos orné, fil., tête dor., *non rog.* (*Thivet*). 25 fr.

Dix belles planches en noir: fac-similés de miniatures de manuscrit.

1774. **Demidoff**. (Anatole de). Voyage dans la Russie méridionale et la Crimée, par la Hongrie et la Moldavie exécuté en 1837. *Paris, Bourdin*, 1840 ; gr. in-8, demi-veau vert. (*Rel. anc.*). 30 fr.

Édition illustrée de 64 dessins de *Raffet* sur bois, dont 21 hors texte tirés sur Chine, avec la lettre en petite gothique.
Après la p. 112, se trouve intercalée une marche valaque (un feuillet de musique).

1775. **Denis** (Ferd.). Pinçon et de Martonne. Nouveau Manuel de Bibliographie universelle. *Paris, Roret*, 1857 ; gr. in-8, br. 10 fr.

Ouvrage de Bibliographie classée alphabétiquement par ordre de matières.

1776. **Des Michels**. Histoire générale du Moyen-Age. *Paris*, 1835 ; 2 vol. in-8, demi-rel. veau fauve. 5 fr.

1777. **Deshoulières**. Poésies de Madame et de Mademoiselle Deshoulières. Nouvelle édition, augmentées dans cette dernière édition d'une infinité de pièces qui ont été trouvées chez s... *Paris, Villette*, 1732; 2 vol. in-8, basane. 5 fr.

1778. **Dessin** (Le). Revue de l'Art et de l'enseignement. 3 années. *Pa-*

ris, *Bernard*, 1884-1886 ; in-4, en cartons.   40 fr.

Chaque année contient 48 reproductions en phototypie avec plus de 200 p. de texte orné de vignettes, grandes lettres, etc. Publié à 120 francs.

1779. **Diable à Paris** (Le). Paris et les Parisiens, à la plume et au crayon, par Gavarni, Grandville, Bertall, Cham, Dantan, Clerget, Balzac, Oct. Feuillet, Alf. de Musset, G. Sand, P.-J. Stahl, etc... *Paris, Hetzel*, 1868 ; 2 vol. gr. in-8, demi-chag. noir, plats toile. Mouillures.   10 fr.

1780. **Dialogue** sur les droits de la reyne très chrestienne. *S. l.*, 1667 ; in-12. vél. à rec.   10 fr.

Abrégé du « Traité des droits de la reine... » attribué à Ant. Bilain ou à Guy Joly.

1781. **Diderot.** La Religieuse. *Paris, Buisson, an V* (1797) ; in-8, veau.   20 fr.

ÉDITION ORIGINALE en 411 pages.

1782. **Didot** (Firmin). Étude sur Jean Cousin, suivie de notices sur Jean Leclerc et Pierre Woeiriot. *Paris, Didot*, 1872 ; in-8, br. 3 fr.

Portraits.

1783. **Doni** (Ant.-Fr.). Mondi celesti terrestri et infernali, de gli academici pellegrini composti da M. Anton. Francesco Doni Fiorentino. *In Vincenza, appresso gli heredi di Perin libraro*, 1597 ; in-12, mar. rouge jans., tr. dor. (Delaunay).   20 fr.

Fleuron et portrait gravés sur bois. Portrait sur le titre du second livre.

1784. **Doré** (G.). Cervantès. L'ingénieux Hidalgo don Quichotte de la Manche. Traduction de Louis Viardot, avec les dessins de G. Doré, gravés par H. Pisan. *Paris, Hachette*, 1863 ; 2 vol. in-fol., percal., *non rognés*.   75 fr.

PREMIÈRE ÉDITION illustrée de 370 dessins de *G. Doré*.

1785. **Doucet.** Monsieur Cassandre, ou les effets de l'amour et du verd-de-gris, drame en deux actes et en vers, dédié à la marquise de ***. *Amsterdam et Paris*, 1775 ; in-8, dem. mar. viol. avec coins, tr. marb. (*Souget*).   5 fr.

2 figures.

1786. **Doudan.** Mélanges et lettres, avec une introduction par M. le comte d'Haussonville et des notices par MM. de Sacy, Cuvillier-Fleury. *Paris, Calmann Lévy*, 1876-1877 ; 4 vol. in-8, br.   16 fr.

1787. **Du Bellay** (Joachim). Les Œuvres françoises de Joachim Du Bellay, gentilhomme angevin et poète excellent de ce temps. Reveues, et de nouveau augmentées de plusieurs poésies non encores auparavant imprimées. *Paris, impr. de Federic Morel*, 1574 ; in-8 de 560 ff., mar. citron, dos orné, fil., tr. dor. (*Trautz-Bauzonnet*). 350 fr.

Superbe exemplaire de cette édition collective publiée par Guillaume Aubert, auquel on a ajouté un joli portrait de l'auteur gravé par *Léonard Gaultier*. Très belle reliure de Trautz-Bauzonnet.

1788. **Du Bocage** (Madame). Le Paradis terrestre, poème en 6 chants imité de Milton. *Londres*, 1748 ; pet. in-4, veau.   5 fr.

Un fleuron sur le titre, un frontispice et 6 vignettes par *de Meuse*.

1789. **Dubreuil.** Dictionnaire lyrique portatif, ou choix des plus jolies Ariettes de tous les genres, disposées pour la voix et les instruments, avec les paroles françaises sous la musique. *Paris, Lacombe*, 1769-1771 ; 2 vol. in-8, cart., *non rogné* (*Rel. anc.*). 40 fr.

Intéressant recueil, entièrement gravé, dédié à la vicomtesse de Castellane. (Ex-libris de Méricourt).

1790. **Du Chaillu** (Paul). Le Pays du Soleil de Minuit. Voyages d'Eté en Suède, en Norwège, en Laponie et dans la Finlande septentrionale. *Paris, Calmann Lévy*, 1882 ; in-8, cart.. toile, tr. dor.   4 fr.

Figures et vignettes sur bois.

1791. **Ducis** (J.-F.). Œuvres suivies des œuvres de M. J. de Chénier. *Paris, Ledentu*, 1839 ; in-8, demi-rel. chagr. vert, dos orné.   4 fr.

Portrait.

1792. **Dujardin** (Félix). Histoire naturelle des Zoophytes. Infusoires, comprenant la physiologie et la classification de ces animaux et la manière de les étudier à l'aide du microscope. *Paris, Roret*.

Achat de Bibliothèques

1841 ; 1 vol. in-8 et atlas gr. in-8,
br.   6 fr.

> Cet ouvrage fait partie de la collection dite « Suites à Buffon ». Atlas de 22 planches sur acier. Piqûres.

1793. Dulaure. Histoire de Paris et de ses monuments. Nouvelle édition refondue et complétée jusqu'à nos jours par L. Batissier. *Paris, Furne*, 1854 ; gr. in-8, demi-chag. rouge, dos orné. 10 fr.

> Illustré de plus de 50 grav. sur acier. Piqûres.

1794. Dumas (Al.). Théâtre complet. *Paris, Lévy*, 1876-1878; 5 vol. in-12, demi-chag. vert.   15 fr.

1795. Dumont (J.-B.). Les Grands Travaux du Siècle. Ouvrage illustré de 256 gravures. *Paris, Hachette*, 1891 ; in-4, br.   10 fr.

1796. Dumont d'Urville. Voyage de la corvette l'*Astrolabe*, exécuté par ordre du roi pendant les années 1826 à 1829, sous le commandement de M. Dumont-d'Urville. *Paris, Tastu*, 1830-1833 ; 11 vol. in-8 et 5 vol. gr. in-fol., demi-chag. vert, plats toiles.   150 fr.

> L'exemplaire que nous possédons, comprend : TEXTE. Précis historique du voyage, 10 parties en 5 vol. — Botanique, par MM. Lesson jeune et A. Richard, 1 vol. — Zoologie, par MM. Quoy et Gaimard, 4 vol. — Entomologie, par M. Bois-Duval, 2 parties en 1 vol. — PLANCHES. Historique, 2 vol. — Botanique, 1 vol. — Zoologie, mammifères et molusques, 2 vol. comprenant plus de 500 planches.

1797. Dumont d'Urville. Voyage pittoresque autour du Monde. Résumé général des voyages de découvertes. *Paris, Tenré*, 1834-1835 ; 2 vol. in-4 à 2 col., demi-rel. veau vert.   8 fr.

> Portraits, cartes et figures sur cuivre.

1798. Dupont (Paul). Histoire de l'imprimerie. *Paris, chez tous les libraires*, 1854 ; 2 vol. gr. in-8, br.   18 fr.

> Texte encadré.

1799. Dupont-Auberville. L'Ornement des tissus, recueil historique et pratique, avec des notes explicatives et une introduction générale. *Paris, Ducher*, 1887 ; 2 parties en un vol. in-fol., demi-

rel. dos et coins mar. brun, tête dor., *non rogné*.   70 fr.

> 100 grandes et belles planches en chromolithographies.

1800. Duruy (Victor). Histoire des Romains depuis les temps les plus reculés jusqu'à l'invasion des Barbares. *Paris, Hachette*, 1879-1880 ; 2 vol. gr. in-8, br.   18 fr.

> Tomes I et II. — Figures sur bois et en chromolithographie.

1801. Duvert (F.-A.). Théâtre choisi. *Paris*, 1877-1878 ; 6 vol. in-12, br., couv.   9 fr.

1802. Empire des Légumes (L'). Mémoires de Cucurbitus 1er, recueillis et mis en ordre, par MM. Eugène Nus et Antony Méray. *Paris, G. de Gonet*, s. d. (1850); gr. in-8, demi-chag. rouge, plats toile.   15 fr.

> Ouvrage illustré de 24 gravures sur acier et 1 gravure sur bois, légèrement coloriées, d'après les dessins de Amedée Varin. Légères mouillures.

1803. Encyclopédie Diderot et d'Alembert. Recueil de planches, sur les sciences, les arts libéraux et les arts méchaniques, avec leur explication. *Paris*, 1762 à 1765 : 3 vol. in-fol., demi-chag. vert, *non rognés*.   130 fr.

> Suite complète composée de plus de 1.000 planches très bien gravées.

1804. Environs de Paris (les), histoire, monuments, paysages. *Paris, Boizard*, 1855 ; gr. in-8, demi-rel. veau vert, dos orné. 8 fr.

> Ouvrage rédigé par l'élite de la littérature contemporaine, illustré de 200 dessins par les artistes les plus distingués, donnant des vues de Versailles, Saint-Cloud, Fontainebleau, Rambouillet, Compiègne, Saint-Germain, Meudon, Chantilly, Saint-Denis, Vincennes, etc.

1805. Érasme. L'Éloge de la Folie, composé en forme de déclamation et traduit par M. Guendeville. *Neuchâtel, Fauche*, 1777 ; in-8, cart., *non rogné*.   5 fr.

> Figures sur cuivre.

1806. Escayrac de Lauture. Mémoires sur la Chine. — Le Langage, son histoire, ses lois. *Paris*, 1865 ; 2 vol. in-4, br.   18 fr.

> Publié à 30 fr.

1807. Escole de la mignature dans laquelle on peut aisément apprendre à peindre sans maitre avec le secret

Et de Livres anciens et modernes

de faire les plus belles couleurs, l'or bruny et l'or en coquille (par Claude Boutet). *Rouen, Dumesnil,* 1724 ; in-12, vélin.   10 fr.

1808. **Eudel** (Paul). Les Ombres chinoises de mon père. *Paris, Rouveyre,* 1885 ; in-4, br.   15 fr.

> Un des 25 exemplaires sur PAPIER WHATMAN, orné de nombreuses figures d'ombres chinoises dans le texte.

1809. **Eudel** (Paul). L'Hôtel Drouot en 1881, 1882, 1883 (1re, 2e, 3e années. *Paris, Charpentier,* 1882-1888 ; 5 vol.   10 fr.

1810. **Eudel** (Paul). La Vente Hamilton. *Paris, Charpentier,* 1883 ; gr. in-8, demi-chag. rouge, tête jasp., *non rogné,* couv.   5 fr.

> 27 dessins hors texte.

1811. **Évangiles**. Les saints Évangiles, traduits de la vulgate, par M. l'abbé Dassance. *Paris, Curmer,* 1836 ; 2 vol. gr. in-8, demi-veau rouge, dos ornés, tr. marbrées. (*Rel. anc.*).   30 fr.

> 1re édition, illustrée d'un frontispice en chromolithographie. 12 gravures sur acier, 10 gravures sur bois et 2 cartes coloriées.
> On a ajouté le titre gravé tiré en couleur et or de l'édition de *Dubochet,* 1838.
> Les figures sur bois sont sur CHINE et AVANT LA LETTRE.
> Le texte est encadré de vignettes gravées sur bois.
> Les illustrations sont de *Tony Johannot, Cavelier, Gérard Seguin* et *Brevière.*

1812. **Faber du Faur** (G. de). Campagne de Russie, 1812, d'après le journal illustré d'un témoin oculaire, avec introduction par Armand Dayot. *Paris, Ern. Flammarion, s. d.;* gr. in-8, br.   8 fr.

> Nombreuses illustrations.

1813. **Fabre** (François). Némésis médicale illustrée, recueil de satires. *Paris,* 1840 ; 2 tomes en 1 vol. in-4, demi-rel. chagr. vert, dos orné.   12 fr.

> 30 vignettes dessinées par *Daumier.*

1814. **Fabre** (Ferdinand). Taillevent. Illustrations de Georges Roux. *Paris, Calmann Lévy,* 1895 ; gr. in-8, br.   8 fr.

> Édition du Figaro. Couverture illustrée.

1815. **Faerni** (Gabrielis). Ceremonensis fabulæ centum. Ex antiquis auctoribus delectæ, carminibus explicatæ novisque ære incisis Iconi-

bus adormatæ. *Londini,* 1743; in-4, veau, fil.   10 fr.

> Frontispice et vignettes à mi-page, le frontispice ainsi que les 4 premières pages sont remontés.

1816. **Fauchet** (Claude). Œuvres. Reveues et corrigées en ceste dernière édition, supplées et augmentées sur la copie, mémoires et papiers de l'autheur, de plusieurs passages et additions en divers endroits. *Paris, Jean de Heuqueville,* 1610 ; in-4, veau.   12 fr.

> Exemplaire portant sur la garde une note de l'abbé de Saint-Léger.

1817. **Favier** (Alphonse). Péking. Histoire et description, par Mgr Favier, vicaire général de Péking. *Péking, Imprimerie des Lazaristes au Pé-T'ang,* 1897; gr. in-4, br. 40 fr.

> Ouvrage aussi savant que curieux, illustré de 660 gravures anciennes et nouvelles reproduites ou exécutées par des artistes indigènes d'après les plus précieux documents ; de 124 phototypies, et 24 collographies hors texte.
> Les derniers événements de Chine donnent un intérêt tout particulier à ce magnifique volume.

1818. **Febvre** et **Johnson**. Album de la Comédie française. *Paris, Paul Ollendorff,* 1880 ; pet. in-fol., br.   15 fr.

> Texte encadré d'un filet rouge. Lettre dédicace au prince de Galles par Alexandre Dumas fils. — Frontispice par *Sarah Bernhardt* et 23 portraits à l'eau-forte par *Abot.*

1819. **Fénelon**. Les Aventures de Télémaque, fils d'Ulysse. Imprimé par ordre du Roi pour l'éducation de Mgr le Dauphin. *Paris, Didot,* 1784 ; 2 vol. pet. in-8, mar. La Vallière jans., tr. rouge.   25 fr.

> Édition imprimée en très beaux caractères.

1820. **Ferrand** (Antoine). Éloge historique de Madame Elisabeth de France, suivi de plusieurs lettres de cette princesse. *Paris, Desenne,* 1814 ; in-8, basane.   4 fr.

1821. **Fertiault**. Histoire anecdotique et pittoresque de la Danse chez les peuples anciens et modernes. *Paris, A. Aubry,* 1854 ; in-16, demi-rel. dos et coins de mar. brun, tête dor., *non rogné* (*Capé*).   6 fr.

1822. **Feuillet** (Oct.). Théâtre complet. *Paris, Lévy,* 1892-93 ; 5 vol.

— Scènes et Comédies. *Paris, Lévy*, 1876 ; 1 vol. — Scènes et proverbes. *Paris, Lévy*, 1877 ; 1 vol. Ensemble 7 vol. in-18, br. couv. 12 fr.

1823. Féval (Paul). Les Contes de nos Pères, par Raoul Féval. Illustrés par Bertall. *Paris, Chlendowski, s. d.* (1845); in-8, demi-rel. chagr. rouge, plats toile. 5 fr.

18 planches hors texte et vignettes dans le texte, gravées sur bois. PREMIER TIRAGE.

1824. Fialetti (Odvardo). De Gli habiti delle Religioni con le armi, breue descrittion loro, libro primo. *In Venetia*, 1626 ; in-8, veau (mouillures). 10 fr.

74 planches gravées.

1825. Fiévet (Victor). Madame Veuve Clicquot (née Ponsardin); son histoire et celle de sa famille. *Paris, Dentu*, 1865 ; in-16, demi-rel. chagrin rouge. 4 fr.

Avec 3 portraits lithographiés de Mⁿᵉ Clicquot, du comte de Chevigné et du comte de Mortemart ; et 2 fac-similés de lettres autographes.

1826. Figuier (Louis). La Vie et les mœurs des animaux. Zoophites et mollusques. *Paris, Hachette*, 1866 ; in-8, cart., *non rogné*. 6 fr.

385 figures sur bois.

1827. Fillon (Benjamin). L'Art de Terre chez les Poitevins, suivi d'une étude sur l'ancienneté de la fabrication du verre en Poitou. *Niort, L. Clouzot*, 1864 ; in-4, br. 15 fr.

6 planches hors texte.

1828. Flammarion (C.). Les terres du ciel, voyage astronomique sur les autres mondes. *Paris, Marpon et Flammarion, s. d.;* gr. in-8, demi-rel. toile. 7 fr.

Ouvrage illustré de photographies célestes, vues télescopiques, cartes et nombreuses figures.

1829. Flammarion (C.). L'atmosphère, description des grands phénomènes de la nature. *Paris, Hachette*, 1873 ; gr. in-8, demi-rel. chag. vert. 8 fr.

Nombreuses figures.

1830. Flers (Robert de). Ilsée, Princesse de Tripoli. *Paris, Piazza et Cⁱᵉ*, 1897 ; in-4, br., couv. ill. 60 fr.

Publication artistique, illustrée de 132 lithographies, d'une couverture, de dix lettres ornées, de fleurons et de culs-de-lampe de A. *Mucha*.
Exemplaire sur PAPIER VÉLIN FILIGRANÉ. *Ex dono des éditeurs.*

1831. Fond (Le) du Sac, recueil de contes en vers (par Félix Nogaret). *Rouen, Le Monnyer*, 1879 ; 2 vol. in-12, br. (50 fr.) 20 fr.

Frontispice et nombreuses vignettes.

1832. Fontaines (Louys). Description du pays de Jansenie, où il est traité des singularitez qui s'y trouvent, des coutumes, mœurs et religion de ses habitans. *A Bourg, Fontaine*, 1688 ; pet. in-12, veau. 10 fr.

Frontispice et planche pliée.

1833. Forbin. Mémoires du comte de Forbin, chef d'escadre. *Amsterdam, Fr. Girardi*, 1748 ; 2 vol. in-12, veau granit. (*Rel. anc.*). 8 fr.

Curieux portrait.

1834. Foudras. Campagne de Bonaparte en Italie, en l'an VIII de la République, rédigée sur les mémoires d'un officier de l'état-major de l'armée de réserve. *S. l., an VIII* (1800) ; in-8, portr., demi-rel. bas. 8 fr.

Portrait de Bonaparte, 1ᵉʳ consul, par *Bonneville*.

1835. Fournel (Victor). Les Artistes français contemporains. Peintres, sculpteurs. *Tours, Alfr. Mame*, 1884 ; in-8, br. 12 fr.

10 eaux-fortes d'après *Delacroix, Ingres, Fromentin, Decamps, Troyon*, etc., et 176 gravures dans le texte.

1836. Français (les) sous Louis XIV et Louis XV. Texte par Ph. Audibrand, Roger de Beauvoir, E. de La Bédollière, Ad. Boucher, A. Challamel, F.-T. Claudon, Émile Deschamps, Paul-L. Jacob, P. Joigneaux, Fr. de Lienhart, Privat d'Anglemont, Albéric Second, Wilhelm Tenint, Ed. Thierry, Claire Brunne et Amable Tastu. *Paris, Challamel, s. d.* (1842); gr. in-8, demi-chag. vert. 20 fr.

Nombreuses vignettes dans le texte et 40 sujets à part, gravés sur bois et coloriés, chaque sujet est entouré d'un ornement genre XVIIIᵉ siècle. Les illustrations sont de *Tony Johannot, Th. Fragonard, Gavarni, Ch. Jacque, Ch. Marville et Émile Wattier*. Mouillures.

Et de Livres anciens et modernes

1837. Français (les) sous la Révolution, par MM. Aug. Challamel et Wilhelm Tenint. *Paris, Challamel,* s. d. (1843) ; gr. in-8, demi-chag. violet, dos orn. 25 fr.

Illustré de 40 scènes et types en couleur, dessinés par H. Baron, gravés sur acier par M. L. Massard.

1838. Français (les) peints par eux-mêmes. Types et portraits humoristiques à la plume et au crayon. Mœurs contemporaines par H. de Balzac, L. Gozlan, Achard, J. Janin, Soulié, Karr, etc. *Paris, Philippart,* s. d. ; 4 tomes en 2 vol. in-4, demi-rel. chagrin brun. 18 fr.

Nouvelle édition de cet ouvrage humoristique, illustrée des bois de *Meissonier, Daubigny, Grandville, Gavarni, Daumier, Charlet, T. Johannot,* etc.

1839. France (Anatole). Poésies. — Les Poèmes dorés. Idylles et légendes. Les Noces corinthiennes. *Paris, Lemerre,* 1896 ; pet. in-12, demi-rel. mar. vert, avec coins, dos orné. tête dor., *non rogné,* couv. cons. (*Kauffmann*). 6 fr.

Bel exemplaire orné du portrait de l'auteur gravé par *A. Mongin.*

1840. Franklin (Alfred). La Bibliothèque impériale, son organisation, son catalogue, par un bibliophile. *Paris, Aubry,* 1861 ; in-12, vélin, tr. dor. 4 fr.

1841. Froissart. Chroniques de Sire Jean Froissart, qui traitent des merveilleuses entreprises nobles aventures et faits d'armes... Avec notes, éclaircissements et glossaires par J.-A.-C. Buchon. *Paris, Watelier,* 1867 ; 3 vol. gr. in-8, br. 15 fr.

1842. Froissart. Les chroniques de Froissart, édition abrégée avec texte rapproché du français moderne par Mme de Witt, née Guizot. *Paris, Hachette,* 1881 ; in-4, demi-rel. veau brun. 25 fr.

Ouvrage illustré de 11 chromolithographies, 12 lettres et titres imprimés en couleur, 2 cartes, 33 grandes compositions tirées en noir et 252 gravures d'après les monuments et les manuscrits de cette époque.

1843. Galanteries (les) des Rois de France (par Vannel et Sauval). *A Cologne, chez Pierre Marteau,* s. d. (vers 1725) : 3 vol. in-12, veau fauve, fil. (*Rel. anc.*). 20 fr.

Frontispice, titres et jolies figures en taille-douce.

1844. Galerie des dames françaises distinguées dans les lettres et les arts ; ancienne monarchie, Empire, Restauration, Epoque actuelle. *Paris, Dussillon,* s. d. ; in-8, cart., tr. dor. 38 fr.

Collection de 40 portraits, gravés au burin d'après *Prud'hon, Girad, Girodet, Ingres, Isabey, Hersent. Ary Scheffer, Gavarni. Deveria, Bailly, Heim, Mesdames Jasert, Lescot, Lebrun,* etc.

1845. Galerie des femmes de Shakspeare. *Paris, H. Delloye,* s. d. (1838) ; gr. in-8, demi-veau rouge, dos orné. (*Rel. anc.*). 30 fr.

Collection de 45 portraits et d'un frontispice, gravés sur acier par les premiers artistes de Londres, enrichis de notices critiques et littéraires.

1846. Galiffe. Genève historique et archéologique. *Genève, Georg,* 1869 ; in-4, br. 8 fr.

Dessins et fac-similés par *Hermann Hummann.*
PAPIER VERGÉ.

1847. Gallois (Léonard). Histoire des journaux et des journalistes de la Révolution française (1789-1796), précédé d'une introduction générale. *Paris, au bureau de la Société de l'Industrie fraternelle,* 1845-1846 : 2 vol. in-8, demi-rel. mar. noir, dos ornés, tr. marb. 15 fr.

Intéressant ouvrage orné de 26 portraits des principaux journalistes de la Révolution : Brissot, Peltier, Rivarol, Marat, Hébert, Camille Desmoulins, Fauchet, Condorcet. Robespierre, Tallien, Cérutti, Prudhomme. Fréron, Mirabeau, Babeuf, Anacharsis Cloots, Mallet du Pan, Gorsas, Mercier, Carra, Garat, Momoro, Louvet, Audouin, Rabault-Saint-Etienne, Marie-Joseph Chénier. — Quelques rousseurs.

1848. Garnier-Pagès. Histoire de la Révolution de 1848. *Paris, Pagnerre.* 1861-1862 ; 8 vol. in-8, cart. toile. 20 fr.

Beau portrait de l'auteur, gravé par *Goutière,* d'après *Martinet.*

1849. Garnier (Ch.) et **Ammann.** L'Habitation humaine. *Paris, Hachette,* 1892 ; in-4, br. 12 fr.

335 vignettes et 24 cartes insérées dans le texte.

1850. Garnier (Abbé). Figures de l'histoire de France, dessinées par Moreau-le-Jeune et gravées sous sa direction ; avec le texte explicatif rédigé par M. l'abbé Garnier. *Paris, Renouard, s. d.* (vers 1813); in-4, cart., *non rogné. (Rel. anc.).* 20 fr.

Cet ouvrage se compose de 1 frontispice, 164 planches et 2 planches de médailles, gravés par *Lessus, Couché, Dambrun, Delignon, Delvaux, Duclos, Duflos, Emery, Fosseyeux, Garreau, Gaucher, Guttenberg, Guyot, Halbou, Helman, Henry, Hulk, Julien, Langlois, Le Veau, Malapeau, Malbète, Martigny, Masquelier, Patas, Pauquet, Pelisier, Racine, Romanet, Simonet, Tessier et Thomas.*

On a relié à la suite, Discours sur l'Histoire de France par L.-A. Dingue. *Paris,* 1790. (Texte seul).

1851. Garsault. Le Nouveau parfait Maréchal ou la connoissance générale et universelle du Cheval. Avec un dictionnaire des termes de cavalerie, le tout enrichi de 50 figures en taille-douce. Par Fr. A. de Garsault, seconde édition. *A Paris, chez Nyon,* 1746 ; in-4, veau marb., tr. rouge.   15 fr.

Portrait et planches en taille-douce.

1852. Gautier (Hippolyte). L'an 1789. Événements, mœurs, idées, œuvres et caractères. *Paris, Ch. Delagrave, s. d.* (1888).; gr. in-4, br.   15 fr.

650 reproductions, par la photogravure sur cuivre, de vignettes, d'estampes et de tableaux de l'époque.

1853. Gautier (Théophile). Mademoiselle de Maupin. *Paris, Charpentier,* 1880 ; in-12, demi-rel. mar. viol. avec coins, dos orné, tête rouge, *non rogné.*   15 fr.

Exemplaire sur PAPIER DE HOLLANDE, orné d'un portrait de l'auteur gravé par *Abot* d'après le médaillon de David d'Angers et d'un portrait de Mlle de Maupin par Th. Gautier, reproduit en fac-simile. On a ajouté une suite de 10 figures AVANT LA LETTRE de *Poirson* gravées à l'eau-forte. Taches et mouillures.

1854. Gavarni. Masques et visages, notice par Sainte-Beuve. *Paris, Calmann Lévy, s. d.* ; infol., fig. perc.   15 fr.

1855. Gervais (Paul). Histoire naturelle des mammifères. *Paris, Curmer,* 1854 ; in-8, br.   10 fr.

Figures en taille-douce coloriées et vignettes sur bois.

1856. Gheusi (P.-B.). L'Ame de Jeanne d'Arc. Roman épisodique de la Guerre de Cent ans. Illus-
trations de Paul Steck, avec des croquis de Charles Willems et 85 gravures sur bois. *Paris, Firmin-Didot,* 1895; in-4, couv. illust., br.   10 fr.

1857. Giacomelli. Raffet, son œuvre lithographique et ses eaux-fortes, suivi de la bibliographie complète des ouvrages illustrés de vignettes d'après ses dessins par H. Giacomelli. *Paris, Gazette des Beaux-Arts,* 1862 ; in-8, br.   35 fr.

L'un des 20 exemplaires sur GRAND PAPIER DE HOLLANDE, avec le portrait de Raffet et les figures tirés sur Chine.

1858. Girard (Bernard de). De l'Estat et succèz des affaires de France, illustré de plusieurs belles recherches. Ensemble une Sommaire Histoire des Seigneurs, comtes et Ducz d'Anjou. *Paris, P. L'Huillier,* 1580 ; in-8, veau fauve, fil., milieux. (Rel. anc.).   10 fr.

1859. Godard d'Aucourt. Mémoires Turcs. *Paris, Quantin,* 1882 ; in-8, br.   4 fr.

Portrait à l'eau-forte.

1860. Gœthe. Faust. Préface et traduction de H. Blaze de Bury. *Paris, Quantin,* 1880 ; in-4, cart., *non rogné.*   50 fr.

Exemplaire sur PAPIER DE CHINE orné de 11 eaux-fortes de *Lalauze* tirées en double état : avec et AVANT LA LETTRE et d'en-têtes gravés sur bois par *Méaulle.* Couverture conservée.

1861. Gonse (Louis). Les Beaux-Arts et les Arts décoratifs à l'exposition universelle de 1878. *Paris, Gazette des beaux-arts,* 1879; 2 vol. gr. in-8, br.   25 fr.

Exemplaire sur papier de Hollande. Figures dans le texte et hors texte.

1862. Gourdault. La Suisse. Études à travers les 22 Cantons. *Paris, Hachette,* 1879 ; 2 vol. in-fol., br.   40 fr.

Bel ouvrage, illustré de nombreuses gravures sur bois, publié à 100 francs.

1863. Goyau, Pératé et Fabre. Le Vatican, les papes et la civilisation, le gouvernement central de l'Eglise. Introduction par le cardinal Bourret. Epilogue par Melchior de Vogué. *Paris, Firmin-Didot,* 1895; in-4, br.   20 fr.

Ouvrage illustré de 2 gravures au burin de *F. Gaillard* et *Eug. Burney,* de 4 chromolithographies, de 7 phototypies et de 475 figures. Exemplaire de toute fraîcheur.

1864. Graffigny (Mme de). Œuvres complètes. *Paris, Briand, 1821 ;* gr. in-8, cart., *non rogné.* 35 fr.

9 figures de *Le Barbier* AVANT LA LETTRE. Très bel exemplaire.

1865. Graindorge (André de). Traité de l'origine des Macreuses, mis en lumière par Thomas Maloüin. *Caen, Jean Poisson, 1680 ;* in-12, veau. 30 fr.

Petit livre extrêmement rare. Exemplaire portant l'ex-libris de PHILIPPE LE DRU (Comus).

1866. Grand-Carteret. Les Mœurs et la Caricature en Allemagne, en Autriche, en Suisse. Avec préface de Champfleury. *Paris, Westhausser,* 1885 ; gr. in-8, br. 12 fr.

20 planches hors texte, 3 planches en couleur, et 314 vignettes.

1867. Greco (G.). Le jeu des eschets traduit de l'Italien de Gioachino Greco, calabrois. *Paris, Jacques le Febvre,* 1689 ; in-12, veau, dos orné. 5 fr.

Mouillures.

1868. Gruel (Guillaume). Chronique d'Arthur de Richemont, connétable de France, duc de Bretagne (1393-1458), publié pour la société de l'Histoire de France, par Achille Le Vasseur. *Paris, Renouard,* 1890 ; in-8, br. 6 fr.

1869. Guéranger (Dom). Sainte Cécile et la société romaine aux deux premiers siècles. *Paris, Firmin-Didot,* 1874 ; in-4, br. 40 fr.

L'un des 200 exemplaires tirés sur PAPIER VÉLIN A LA FORME, illustré de 2 chromolithographies, de 5 planches en taille-douce et de 250 gravures sur bois.

1870. Guevarre (Ant. de). Le Reveille-Matin des courtisans ou moyens légitimes pour parvenir à la faveur et pour s'y maintenir. Traduction françoise de l'espagnol de dom Anthoine de Guevarre par Sébastien Hardy. *Paris, Henry Sara,* 1622 ; in-8, demi-rel. veau fauve, dos orné. 20 fr.

Bonne édition de l'imprimerie de Robert Estienne.

1871. Guiffrey (J.-J.). L'Œuvre de Ch. Jacque. Catalogue de ses eaux-fortes et pointes sèches dressé par J.-J. Guiffrey. *Paris, Lemaire,* 1866 ; in-8, br. 10 fr.

Ouvrage orné d'une eau-forte. Rare.

1872. Guiffrey (Jules). Inventaire général du mobilier de la Couronne sous Louis XIV (1665-1715). *Paris, Rouam,* 1885 ; 2 vol. gr. in-8, br. 15 fr.

1873. Guilbert (Artistide). Histoire des villes de France, avec une introduction générale pour chaque province, par Artistide Guilbert et une société de membres de l'institut, de savants, etc... *Paris, Furne, Perrotin, H. Fournier,* 1844-1848 ; 6 vol. gr. in-8, cart. 35 fr.

Important ouvrage, illustré de 11 planches de blasons en couleur, de 89 gravures hors texte, d'une carte de France coloriée et de vignettes sur bois.

1874. Guillemin (Amédée). Le Ciel. Notions d'astronomie à l'usage des gens du monde et de la jeunesse. *Paris, Hachette,* 1865 ; gr. in-8, br. 9 fr.

Ouvrage illustré de 40 grandes planches dont 12 tirées en couleurs et de 185 vignettes insérées dans le texte.

1875. Guillemin. Les Phénomènes de la physique. *Paris, Hachette,* 1868 ; gr. in-8, br. 10 fr.

450 figures par *Bonnafoux.*

1876. Guimet (Émile). Promenades Japonaises. *Paris, Charpentier,* 1878-1880 ; 2 vol. in-4, demi-chag. rouge, tr. jasp. 15 fr.

Dessins d'après nature en noir et en couleurs.

1877. Hamilton. Œuvres du comte Antoine Hamilton. *Paris, Renouard,* 1812 ; 3 vol. in-8, demi-rel. dos et coins de mar. brun, tête dor., éb. 30 fr.

8 portraits par *Saint-Aubin,* et 4 figures par *Moreau le jeune.*

1878. Haucour (Louis d'). L'Hôtel-de-Ville de Paris à travers les siècles. *Paris, V. Giard et E. Brière,* 1900 ; gr. in-4, br. 16 fr.

Nombreuses illustrations.

1879. Havard (Henry). Amsterdam et Venise. *Paris, E. Plon,* 1876 ; in-4, br. 15 fr.

Ouvrage orné de 7 eaux-fortes par *Léopold Flameng* et *Gaucherel,* et de 124 figures sur bois. Couverture illustrée.

1880. Havard (Henry). L'Art dans la Maison. Grammaire de l'Ameu-

blement. *Paris, Ed. Rouveyre,* 1884;
gr. in-4, br.   75 fr.

Nombreuses et belles illustrations par *Corroyer, David, Prignot, Favier, Pichot, Goutzwiller, Kauffmann, Laurent, Toussaint, Bayard, Scott, Lancelot,* etc. Un des 25 exemplaires sur PAPIER DU JAPON. Publié à 200 francs.

1881. Havard (Henry). La peinture décorative au XIXᵉ siècle. L'Œuvre de P.-V. Galland. *Paris, May et Motteroz,* 1895 ; in-4, br., couv. ornementée.   25 fr.

Nombreuses illustrations dans le texte, portrait de Galland et 12 planches hors-texte.

1882. Heine (Henry). Reisebilder. Tableaux de voyage. *Paris, Renduel,* 1834 ; 2 vol. in-8, demi-rel. à la Brad., dos et coins de perc. *non rognés.*   15 fr

ÉDITION ORIGINALE.
Taches de rousseur.

1883. Hénault. Nouvel Abrégé chronologique, de l'histoire de France, contenant les événemens de notre histoire depuis Clovis jusqu'à la mort de Louis XIV, les guerres, les batailles, les sièges, etc...; nos loix, nos mœurs, nos usages, etc. *Paris, Prault,* 1768 ; 2 vol. in-4, veau fauve. dos orné, fil., tr. dor. (*Rel. anc.*).   50 fr.

Belle édition, ornée d'un très joli portrait de la reine Marie Leckzinska gravé par *Gaucher* d'après *Nattier,* et de nombreuses vignettes et culs-de-lampe par *Moreau.*

1884. Henri IV. Les oraisons et discours funèbres de divers autheurs, sur le trespas de Henry-le-Grand... par G. Du Peyrat, aumônier. *Paris, R. Estienne,* 1611 ; 951 pp. — Discours funèbre sur la mort de Henry-le-Grand par Pierre Fenouillet, evesque de Montpellier. *Paris,* 1611 ; 255 pp. 2 parties in-8, rel. en un vol..vélin. (*Rel. anc.*).45 fr.

1885. Henriet (Frédéric). C. Daubigny et son œuvre gravé. Eaux-fortes et bois inédits par C. Daubigny, Karl Daubigny, Léon Lhermitte. *Paris, A. Lévy,* 1875 ; gr. in-8, br.   8 fr.

1886. Héricault (Charles). La Reine Sauvage. *Paris, Picard* (1869); in-8. br.   5 fr.

Gravures sur bois de *L. Lemaire* d'après *Montbard.*

1887. Héricault (Charles d'). La Révolution, 1789-1882. Appendices par Em. de Saint-Albin, Victor Pierre et Arthur Loth. *Paris, Dumoulin,* 1883 ; in-4, demi-rel. dos et coins mar. rouge, dos orné, tête dor. (*Engels Smeers*).   25 fr.

Bel et intéressant ouvrage imprimé sur papier vélin des papeteries du Marais, orné de 12 chromolithographies et d'un très grand nombre de gravures et facsimilés dans le texte et hors texte, d'après les monuments et les originaux du temps.

1888. Hérisson (Comte d'). Relation d'une mission archéologique en Tunisie. *Paris,* 1881 ; in-4, fil., br.   10 fr.

1889. Hervé-Bazin (F.). Les Grands ordres et congrégations de Femme. *Paris,* 1889 ; in-8, br.   3 fr.

1890. Heures. LES PRESENTES HEURES SONT A LUSAIGE DE ROMME tout au long sans riens requerir. Avec les figures de la destruction de Hierusalem : et plusieurs belles figures de lapocalipse. (A la fin :) *Imprimées à Paris par Gilles hardouyn, libraire demourant au bout du pont notre dame devant sainct denis de la chartre à l'enseigne de la rose d'or pour Germain hardouyn libraire demourant entre les deux portes du palays à l'enseigne saincte marguerite (Almanach de 1520 à 1525)* ; in-8 de 80 ff., mar. brun, dos orné, fil., milieux, tr. dor. (*Rel. anc.*).1.500 fr.

Impression sur vélin exécutée par Gilles Hardouyn vers 1519.
Parmi les remarquables productions typographiques sorties des presses de cet imprimeur parisien. celle-ci offre, par son illustration. un intérêt tout particulier pour l'histoire de l'enluminure au commencement du XVIᵉ siècle. Outre les nombreuses et très artistiques bordures sur bois qui se trouvent à toutes les pages l'éditeur a ornementé son livre de 30 charmantes compositions (dont 15 grandes) tirées du Nouveau Testament, peintes avec le plus grand soin sur des parties du volume laissées blanches à l'impression. Les grands sujets sont complétés par de superbes encadrements historiés ou ornementés exécutés également en miniature.
La souscription des heures de la Vierge de 1514 a établi d'une façon péremptoire que l'artiste, auteur de ces belles et délicates illustrations. n'était autre que Gilles Hardouyn, lui-même : *in arte litterariæ pictnre peritissimus.*
Exemplaire d'une conservation parfaite.

1891. Histoire et cronicque du petit Jehan de Saintré et de la jeune dame des belles Cousines sans aultre nom nommer ; collationnée sur les manuscrits de la bibliothèque royale et sur les éditions du XVIe siècle (par Lami-Denozan). *Paris, Firmin-Didot frères*, 1830 ; in-8, goth., cart. toile, *non rogné*, éb.   20 fr.

    Taches de rousseur.

1892. **Histoire littéraire** de la France, par les religieux bénédictins de la congrégation de Saint Maur. Nouvelle édition conforme à la précédente et revue par M. Paulin Paris. *Paris, Palmé*, 1865-1869, 15 vol. — Table générale des matières, par Camille Rivain. *Paris, Palmé*, 1875. Ens. 16 vol. in-4, br.   100 fr.

    Ouvrage du plus haut intérêt pour l'état des sciences et des lettres depuis les temps les plus reculés jusqu'au XIIIe siècle exclusivement. PAPIER VERGÉ.

1893. **Hoffmann**. Contes nocturnes de Hoffmann, traduction nouvelle par P. Christian. *Paris, Morizot*, 1862 ; in-12, br. couv.   10 fr.

    Illustrés de nombreuses vignettes de *Gavarni*.

1894. **Holmes** (Oliver Wendell). La dernière feuille, poème. Illustré par George Wharton Edwards et F. Hopkinson Smith. *Paris, Quantin*, 1887 ; gr. in-4, demi-rel. vél. bl. avec fers spéciaux de l'éditeur.   20 fr.

    Cet ouvrage est la reproduction exacte d'une édition américaine de ce poème. Il se dégage de cette illustration, d'une originalité surprenante, un charme pénétrant et profond qui sera vivement ressenti des artistes et des délicats.

1895. **Homère**. Œuvres complètes d'Homère, traduction nouvelle avec notes littérales, historiques et géographiques, suivies des imitations des poètes anciens et modernes, par M. Gin. *Paris, impr. Didot l'aîné*, 1786-1788 ; 4 vol. in-4, cart., *non rognés*.   40 fr.

    Portrait-frontispice et 24 jolies figures avec cadre, gravés par *Dambrun, Delignon, de Ghendt, de Launay, Luigé*, etc., d'après les dessins de *Marillier*.

1896. **Homère**. Iliade, traduction nouvelle, accompagnée de notes, d'explications et de commentaires et précédée d'une introduction par

Eug. Bareste. *Paris, Lavigne*, 1843 ; in-8, br. couv. ill.   20 fr.

    Nombreuses figures et vignettes de *A. Titeux* et *A. De Lemud*.

1897. **Horace**. Quinti Horatii Flacci. *Parisiis, e typographia regia*, 1733 ; in-18, mar. bleu, doublé de tabis, orn. sur les plats, dos orné, tr. dor. (*Bozérian*).   30 fr.

    Édition remarquable par l'exiguité et la netteté des caractères qui ont servi à l'impression.

1898. **Houdoy** (J.). Histoire de la Céramique lilloise précédée de documents inédits constatant la fabrication de carreaux peints et émaillés en Flandre et en Artois au XIVe siècle. Edition nouvelle avec planches. *Paris, Aug. Aubry*, 1869 ; in-8, br.   8 fr.

1899. **Huart** (Louis). Quand on a vingt ans. Histoire de la rue Saint-Jacques. *Paris, A. Ledoux*, 1834 ; in-8, demi-rel. veau bleu, dos orné.   5 fr.

    Vignette de *Boisselat*.

1900. **Hübner** (baron de). Promenade autour du monde, 1871. Cinquième édition illustrée de 316 gravures dessinées sur bois par nos plus célèbres artistes. *Paris, Hachette*, 1877 ; in-4, br.   20 fr.

1901. **Hugo** (Victor). Notre-Dame de Paris. *Paris, Renduel*, 1836 ; 3 vol. in-8, demi-veau fauve, dos orné, tr. marbrées.   150 fr.

    Illustré de 1 frontispice et 11 planches hors texte, gravées sur acier par *E. Finden, W. Finden, R. Staines, A. Lacour, Lestudier, T. Phillibrocon, G. Periam*, d'après *D. Rouargue, Louis Boulanger, Raffet, Tony* et *Alfred Johannot, Camille Rogier*.
    On a ajouté le portrait de V. Hugo, lithographié par Delpech et 2 DESSINS ORIGINAUX de VICTOR HUGO. 1º « *Le soir de la noce* » avec notes de musique. — 2º « *Ma fille vous l'épouserez.* »

1902. **Imbert de Saint-Amand.** La Cour de Charles X. *Paris, Dentu*, 1892 ; in-4, fig., br.   18 fr.

    Belles illustrations.

1903. **Imitation de Jésus-Christ.** Traduction nouvelle de M. l'abbé Dassance, avec des réflexions tirées des pères de l'église, et de Bossuet, Fénelon, Massillon et Bourdaloue. *Paris, Curmer*, 1836 ; gr.

in-8, demi-veau rouge, dos orné, tr. marbrées (*Rel. anc.*). 25 fr.

Illustré d'un frontispice en couleur, de 10 figures hors texte, gravées sur acier d'après *Tony Johannot* par *Marckl Cousin*, *N. Leconte*, *Mauduit*, *Revel*, *Pollet* et *Dutillois*.

Le texte des faux-titre, titre et feuillets liminaires, est encadré d'un double filet noir ; le texte est encadré, à chaque page, de vignettes dessinées par *Cavelier et Chenavard*.

PREMIER TIRAGE des illustrations de *Tony Johannot*, AVANT LA LETTRE. On a ajouté une fig. en noir et or, représentant la Sainte Face.

Le dos de la reliure est orné de mitre, clefs, croix et crosse, posés en faisceaux.

1903bis. **Inventaire** de la Bibliothèque du roi Charles VI fait au Louvre en 1423. *Paris, Société des Bibliophiles français*, 1867 ; in-8, br. 12fr.

PAPIER VERGÉ.

1904. **Jung** (Th.). La Vérité sur le Masque de fer (les empoisonneurs) d'après des documents inédits des archives de la guerre (1664-1703. *Paris, Henri Plon*, 1873 ; in-8, br. 4 fr.

1905. **Jacob** (P.-L.). Curiosités de l'histoire des croyances populaires au Moyen-Age. *Paris, Delahays*, 1859 ; in-18, br. 3 fr.

1906. **Jacquemin** (R.). Histoire générale du Costume civil, religieux et militaire du IVe au XIIe siècle — Occident — (315-1100). *Paris, Delagrave, s. d.* (1879) ; in-4, br. 18 fr.

48 planches de costumes, coloriées et tirées hors texte.

1907. **Jésus-Christ**. De la Connoissance de Jésus-Christ, considéré dans ses mystères, et dans ses différentes qualités ou rapports avec Dieu son père. Avec des élévations sur chaque mystère de Jésus-Christ, et sur chacune de ses qualités. (Par Claussel, prêtre). *Paris, Hérissant ; Auxerre, Fr. Fournier*, 1762 ; 2 vol. in-12, mar. rouge, dos orné, fil., tr. dor. (*Rel. anc.*). 35 fr.

1908. **Julien**. Œuvres complètes de l'empereur Julien. Traduction nouvelle, accompagnée de sommaires, notes, éclaircissements, table analytique des matières, index alphabétique et précédée d'une étude sur Julien, par Eugène Talbot. *Paris, Plon*, 1863 ; in-8, br. 4 fr.

1909. **Jullien** (Ad.). La Comédie à la cour de Louis XIV, le Théâtre de la reine à Trianon. *Paris, Baur*, 1875 ; plaq., gr. in-8, percal. n. rog., couv. 3 fr.

1910. **Juvénal** et **Perse**. Satirae, ad codices parisinos recensitae lectionum varietate et commentario a Nic. Lud. Achaintre. *Parisiis, Firm. Didot*, 1810-1822 ; 3 vol. in-8, front., demi-rel. veau fauve. 12 fr.

1911. **Keepsake** (Nouveau) français. Souvenir de littérature contemporaine. *Paris, Louis Janet, s. d.* (1835) ; in-18, cart. soie bleue, tr. dor., étui. 15 fr.

Portraits et gravures sur acier.

1912. **Kurth** (Godefroid). Clovis. *Tours, Mame et fils*, 1896 ; in-4, fig., br. 20 fr.

Illustrations hors texte par *Rochegrosse*, *Maignan*, *Flameng*, *Luminais*, *Cormon*, etc., et nombreuses vignettes dans le texte.

1913. **Labarte**. Histoire des Arts industriels au moyen âge et à l'époque de la Renaissance, par Jules Labarte. Deuxième édition. *Paris, Ve A. Morel et Cie*, 1872-1875 ; 3 vol. gr. in-4, fig., demi-rel., dos et coins de mar. rouge, tête dor., éb. 175 fr.

Ouvrage orné de planches en chromolithographie, en lithophotographie sur *Chine*, et de vignettes sur bois intercalées dans le texte.
Bel exemplaire.

1913bis. *Le même. Paris, Ve Morel*, 1872-1875 ; 3 vol. in-4, fig., br. 140 fr.

1914. **Labé** (Louise). Euvres de Louise Labé, lionnoise, surnommée la belle cordière. *Brest, impr. de Michel*, 1875 ; in-8, cart., *non rogné*. 10 fr.

1915. **Labé** (Louise). Euvres de Louïze Labe, lionnoize. *Lyon, Scheuring (impr. L. Perrin)*, 1862 ; in-8, demi-rel. dos et coins de mar. bleu, dos orné, tête dor., *non rogné*. (*Allô*). 12 fr.

Edition tirée à 200 exemplaires sur PAPIER VERGÉ.

1916. **Labiche** (Eug.). Théâtre complet. *Paris, Lévy*, 1878-1879 ; 10 vol. in-18, br., couv. 22 fr.

Et de Livres anciens et modernes

1917. **La Bruyère**. Les Caractères suivis des caractères de Theophraste. *Paris, Lefevre*, 1818 ; 2 vol. gr. in-8, demi-rel. veau, dos orné.   15 fr.

Exemplaire en GRAND PAPIER VÉLIN.

1918. **Lacépède**. Histoire naturelle de Lacépède, comprenant les cétacés, les quadrupèdes ovipares, les serpents et les poissons. Nouvelle édition précédée de l'éloge de Lacépède par Cuvier. Avec des notes de M. A. G. Desmarets. *Paris, Furne*,1864 ; 2 vol.gr. in-8,br. 10fr.

Texte à 2 colonnes, illustré de nombreuses planches en couleurs. Publié à 25 fr.

1919. **Lacroix** (Paul). Moyen Age et Renaissance. Les Arts, illustré de 19 chromolithographies et de 400 grav. sur bois. 3e édition. *Paris, Didot*, 1871. — Mœurs, usages et costumes, illustré de 15 chromolithographies et de 440 grav. sur bois. *Paris, Didot*, 1871. Ens. 2 vol. in-4, dos et coins de chag. rouge, têtes dorées, *non rog.* 40 fr.

1920. **Lacroix** (Paul) Moyen Age et Renaissance, Sciences, lettres et arts. *Paris, Didot*, 1877 ; in-4, br.   20 fr.

Illustré de 13 chromolithographies et de 400 grav. sur bois.

1920bis. *Le même*, 2e édition. *Paris, Didot*,1877 ; in-4, demi-chag. rouge. (*Rel. de l'éditeur*).   20 fr.

1921. **Lafayette** (Raoul). La Voix du Soir. *Paris, Quantin, s. d.* (1892) ; in-8, br.   8 fr.

Texte encadré.

1922. **La Fayette** (Mme de). Zayde, histoire espagnole par M. de Segrais (Mme de La Fayette), avec un traité de l'origine des romans par M. Huet. *Paris, Cl. Barbin*, 1670-1671 ; 2 vol. in-12, mar. rouge, dos orné, comp. à la Duseuil, tr. dor. (*Lortic*).   300 fr.

ÉDITION ORIGINALE. Bel exemplaire. Haut. 155 mill.

1923. **La Fizelière, Champfleury et Henriet**. La Vie et l'œuvre de Chintreuil. *Paris, Cadart*, 1874 ; pet. in-fol. br.   18 fr.

40 eaux-fortes par *Martial, Beauverie. Taïée, Ad. Lalauze. Saffray.* Tiré à 260 exemplaires et publié à 35 fr.

1924. **Lafon** (Mary). Rome ancienne et moderne. *Paris, Furne*, 1852 ; gr. in-8, br.   8 fr.

Belles figures sur acier.

1925. **La Fontaine** (Jean de). Contes. *Paris, de l'imprimerie de Didot jeune, an VI*, 1798 ; 2 part. en un vol. in-12, mar. rouge, orn. sur les plats, dos orn., tr. dor. (*Rel. anc.*).   20 fr.

1926. **La Fontaine**. Fabulae selectae de La Fontaine latinis redditae carminibus variaque carmina. Ad usum studiosa inventutis. *Trecis, apud Jacobum Febvre*, 1696 ; in-12 vélin.   10 fr.

Texte français, traduction latine en regard.

1927. **La Fontaine**. Fables choisies mises en vers par J. de La Fontaine. *Paris, Desaint et Saillant*, 1755-1759 ; 4 vol. in-fol., veau écaille, dos ornés, fil.   400 fr.

Frontispice par *Oudry*, terminé par *Dupuis* et gravé par *Cochin*, 1 portrait d'Audry, d'après *Largillière*, gravé par *Tardieu* et 275 figures par *Oudry*. gravées par *Aubert, Aveline, Baquoy, Beauvais, Chedel, Cochin, Fessard*, etc.

1928. **La Fontaine**. Fables avec notes par L. Moland. *Paris, Garnier*, 1872 ; 2 vol. in-8, fig., br.   8 fr.

1929. **La Fontaine**. Les Fables de La Fontaine, publiées d'après les textes originaux, avec la vie de l'auteur par Perrault, son éloge par Champfort, des notes, un glossaire. etc. *Paris, Charavay*, 1881 ; 2 vol. in-16, front., br.   7 fr.

Papier vergé à la cuve.

1930. **La Fontaine**. Œuvres, nouvelle édition par C.-A. Walckenaer. *Paris, Lefèvre*, 1827 ; 6 vol. gr. in-8, d.-veau, *non rognés.* 35 fr.

Édition de la Collection des classiques français. Portrait de Molière par *B. Roger*. Légèrement piqué.

1931. **La Grange-Chancel**. Les Philippiques, odes ; avec des notes historiques, critiques et littéraires. *Paris*, 1795 ; in-12, mar. rouge, fil., tr. dor. (*Bozérian*).   10 fr.

1932. **La Lande** (De). L'Art du Corroyeur. *Paris*, 1767 ; in-folio, demi-toile.   5 fr.

2 planches en taille-douce.

1933. **Lamb** (Charles). Le Mémorial de W. Shakspere. Contes shak-

Achat de Bibliothèques

speriens par Charles Lamb, traduits par M. Alphonse Borghers. *Paris, Baudry*, 1842 ; in-8, br. (couv. ill.). 12 fr.

Jolies gravures sur acier.

1934. La Monnoye (Bern. de). Noei borguignon de Gui Barôzai. Cinquieme edicion reveue, et augmentée de lai nôte de l'ar de chécun dé Noéi. *An Bregogne, (Paris, Ballard)*, 1738 ; in-12, veau. 8 fr.

Édition contenant l'éloge de La Monnoye. Musique des Noëls.

1935. Langlès (L.). Recherches sur la découverte de l'Essence de rose. *Paris, impr. impériale*, 1804 ; in-16 demi-rel., dos et coins de mar. rouge, éb., *non rogné*. (*Vogel*). 8 fr.

PAPIER VÉLIN.

1936. Larcher. Mémoire sur Vénus. *Paris, Valade*, 1775 ; in-12, demi-rel. veau vert. 8 fr.

Ouvrage estimé et rare.

1937. La Rochefoucauld. Œuvres de La Rochefoucauld. Nouvelle édition, revue sur les plus anciennes impressions et les autographes et augmentée de morceaux inédits, de variantes, de notices, par M. D. L. Gilbert. *Paris, Hachette*, 1868-1883 ; 3 vol. in-8 et 1 album gr. in-8, br., couv. 45 fr.

De la collection des Grands Écrivains de la France.
L'un des 150 exemplaires sur GRAND PAPIER VÉLIN.

1938. La Rochenoire (de). Le Grand livre des peintres. Le dessein et la peinture des fleurs appris seul. N° 12. *Paris, Martinon*, 1858 ; in-8, demi-chag. r., n. rog., *5 planches*. 3 fr.

1939. La Sablière (A. R. de). Poésies diverses d'Antoine Rambouillet de La Sablière et de François de Maucroix, et hommages poétiques à La Fontaine avec les vies de La Sablière et de Maucroix, des notes et des éclaircissements, par G. A. Walckenaer. *Paris, A. Nepveu*, 1825 ; in-8, demi-rel. mar. brun, éb. 5 fr.

1940. Laserre (Henri). Notre-Dame de Lourdes. *Paris, V. Palmé*, 1869 ; in-8, cart. toile, *non rogné*. 4 fr.

1941. Lasserre (Henri). Épisodes miraculeux. Deuxième partie de Notre-Dame de Lourdes. *Paris, Palmé*, 1886 ; in-4, br. 10 fr.

Édition illustrée d'encadrements variés à chaque page et d'une chromolithographie, scènes, portraits et paysages.

1942. Laugier et Carpentier. Vie anecdotique de Louis-Philippe, roi des Français. *Paris, Giraudet*, 1837 ; in-8, demi-rel. veau, dos orné. 7 fr.

Portrait et figures sur bois tirés sur Chine.

1943. Lavater (J.-G.). L'art de connaître les hommes par la physionomie, édition augmentée et corrigée par M. Moreau. *Paris, Depelafol*, 1820-21 ; 10 vol. gr. in-8, br. 25 fr.

Orné de 500 planches. Piqûres.

1944. Le Bailly. Fables. Quatrième édition suivie du gouvernement des animaux ou l'ours réformateur. *Paris, Brière*, 1823 ; in-8, fig., veau gris, dos orné, dent. à froid. milieux, tr. dor. (*Messier*). 10 fr.

1945. Leber (C.). Des Cérémonies du Sacre, ou recherches historiques et critiques sur les mœurs, les coutumes, les institutions et le droit public des français dans l'ancienne monarchie. *Paris, Baudouin*, 1825 ; in-8, br. (couv. ill.). 25 fr.

48 planches en taille-douce donnant les costumes du roi et des grands dignitaires de la couronne et des vues de l'intérieur de la cathédrale de Reims pendant la cérémonie du couronnement.

1946. Leber. Collection des meilleurs dissertations, notices et traités particuliers relatifs à l'Histoire de France, composée, en grande partie, de pièces rares, qui n'ont jamais été publiées séparément ; par C. Leber. *Paris, Dentu*, 1838 ; 20 vol. in-8, br. 60 fr.

1947. Lecanu (l'abbé). Histoire de diocèse de Coutances et Avranches depuis les temps les plus reculés jusqu'à nos jours, suivie des actes des Saints. *Coutances*, 1877-1878 ; 2 vol. in-4, br. 12 fr.

1948. Leclerc (Sébastien). Pratique de la Géométrie, sur le papier et sur le terrain. *Paris*, 1682 ; in-12, front., veau. 20 fr.

Outre les figures démonstratives, ce petit volume contient une quantité de char-

Et de Livres anciens et modernes

mantes petites scènes gravées au burin par *Séb. Leclerc.*

1949. Leconte de Lisle. Poèmes antiques. *Paris, Lemerre, s. d.;* in-12, br.   4 fr.
> Portrait.

1950. Ledru-Rollin. Discours politiques et écrits divers. *Paris, Germer-Baillière,* 1879 ; 2 vol. in-8, portr., br.   7 fr.

1951. Le Faure. Les Aventures de Sidi-Froussard. *Paris, Didot,* 1894; in-4, br.   8 fr.
> Illustrations de *Fau* et *Vallet.*

1952. Le François (A.-B.). Mystères des vieux châteaux de France ou amours secrètes des rois et des reines, des princes et princesses, ainsi que des grands personnages du temps. Aventures mystérieuses, scènes dramatiques, faits merveilleux, apparitions, revenants, fantômes, etc., par une Société d'archivistes sous la direction de A.-B. Le François. *Paris, Eug. Penaud, s. d.* (1847) ; 6 vol. gr. in-8, cart.   15 fr.
> Illustré de nombreuses planches sur acier.

1953. Legouvé. Le Mérite des femmes, augmenté de notes concernant les femmes célèbres du XIXᵉ siècle et suivi de la mélancolie, des souvenirs et de la sépulture ; poèmes. *Paris,* 1838 ; in-12, mar. rouge, dos et plats orn. 8 fr.
> Orné de 1 frontispice, 1 faux-titre gravé et colorié et de nombreuses vignettes.

1954. Lemaistre (Alexis). Nos Jeunes filles aux examens et à l'école. Texte et dessins d'après nature. Ouvrage illustré de 45 gravures hors texte. *Paris, Firmin Didot,* 1891 ; gr. in-8, br.   7 fr.

1955. Lemaître (Jules). Poésies. — Les Médaillons. Petites Orientales. Une Méprise. Au Jour le Jour. *Paris, Lemerre,* 1896 ; pet. in-12, mar. grenat jans., dent. int., tr. dor.   12 fr.
> Bel exemplaire orné d'un portrait de l'auteur gravé par *de Los Rios.*

1956. Lermina (Jules). Dictionnaire universel illustré, biographique et bibliographique de la France contemporaine, par une société de gens de lettres et de savants sous la direction de Jules Lermina. *Paris, Boulanger, s. d.;* in-4, br. 12 fr.

1957. Leroy (André). Dictionnaire de Pomologie, contenant l'histoire, la description, la figure des fruits anciens et des fruits modernes les plus généralement connus et cultivés. *Paris, Goin,* 1879 ; 6 vol. gr. in-8, portr., br.   40 fr.

1958. Le Sage. Le Diable boiteux, augmenté des Béquilles du diable boiteux. *Dijon, L. Frantin,* 1797; 2 vol. in-8, demi-rel. veau fauve, dos ornés, tr. jaspées.   5 fr.

1959. Lescure (M. de). Marie-Antoinette et sa famille. Quatrième édition. *Paris, Ducrocq,* 1879 ; gr. in-8, br.   10 fr.
> 70 compositions de *Delort, du Paty, Gerlier, Monginot, Scott et Tofani,* gravées sur bois par *Méaulle.*

1960. Lescure (M. de). Le Panthéon révolutionnaire démoli. Portraits historiques et politiques. *Paris, Dupré de la Mahérie,* 1884 ; in-4, br.   4 fr.
> Portraits gravés sur bois.

1961. L'Estoile (Pierre de). Mémoires-journaux de Pierre de l'Estoile. Edition pour la première fois complète et entièrement conforme aux manuscrits originaux, publiée avec de nombreux documents inédits et un commentaire historique, biographique et bibliographique, par G. Brunet, A. Champollion, E. Halphen, Paul Lacroix, Charles Read et Tamisey de Larroque. *Paris, libr. des bibliophiles,* 1875-1883 ; 11 vol. in-8, br.   60 fr.
> Papier vergé des Vosges.

1962. Lettres de Henri VIII à Anne Boleyn, précédées d'une notice historique sur Anne Boleyn. *Paris, Crapelet, s. d.* (1826) ; gr. in-8, demi-rel. mar. violet avec coins, dos orné, fil., tr. marbr.   10 fr.
> Première édition de ce livre curieux orné des portraits lithographiés de Henri VIII et d'Anne Boleyn.

1963. Le Verrier de la Conterie. Venerie normande, ou l'école de la chasse aux chiens courants, pour le lièvre, le chevreuil, le cerf, le daim, le sanglier, le loup, le renard et la loutre ; avec les tons de chasse. *Rouen, Laur. Dumesnil,* 1778 ; in-8, pl., demi-rel. veau.   60 fr.
> Deuxième édition plus ample que la précédente. Bel exemplaire.

Achat de Bibliothèques

1964. **Liszt** (F.). F. Chopin. *Leipsic,* 1879 ; gr. in-8, br.   8 fr.

1965. **Loir** (Maurice). La Marine française. Illustrations de L. Couturier et F. Montenard. *Paris, Hachette,* 1893 ; in-4, br.   18 fr.

> Cet ouvrage donne l'histoire de la marine depuis les temps les plus anciens jusqu'à nos jours.

1966. **Longus**. Daphnis et Chloé. Traduction d'Amyot. *Paris, libr. des bibliophiles,* 1872 ; in-12, mar. orange, dos orné, fil., tr. dor. (*Cuzin*).   35 fr.

> Compositions d'*Emile Lévy*, gravées à l'eau-forte par *Flameng*. Dessins de *Giacomelli*, gravées sur bois par *Rouget* et *Sargent*.
> Taches de rousseur.

1967. **Longus**. Les Pastorales de Longus ou Daphnis et Chloé. Traduction de Jacques Amyot, revue par Paul-Louis Courier. Introduction par M. Henry Houssaye. *Paris, s. d.* (1874); in-4, br.   10 fr.

> 10 figures de *Prudhon et Gérard* tirées sur Chine et 12 vignettes par *Eisen*.

1968. **Lurine** (Louis). Les Rues de Paris. Paris ancien et moderne. Origines, histoire, monuments, costumes, mœurs, chroniques et traditions. *Paris, Kugelmann,* 1844 ; 2 tomes rel. en un vol., demi-bas.   10 fr.

> Illustré de 300 dessins. Piqûres. Rel. fat.

1969. **Luynes** (Alb. de). Mémoires sur le Sarcophage et l'inscription funéraire d'Esmunazar, Roi de Sidon. *Paris, Plon,* 1856 ; in-4, cart.   8 fr.

> Planches représentant des sarcophages et inscription.

1970. **Macqueriau** (Robert). Histoire générale de l'Europe depuis la naissance de Charles-Quint jusqu'au cinq juin 1527, composée par Robert Macqueriau. *Louvain,* 1765; 2 vol. in-4, mar. vert, comp. à la Du Seuil, tr. dor.   45 fr.

> Le tome second a été publié d'après le manuscrit autographe et inédit de Barrois en 1841, et renferme la suite de cette histoire jusqu'en l'année 1529.

1971. **Magasin théâtral** (Le). Choix de pièces nouvelles jouées sur les théâtres de Paris. *Paris,* 1834-1838 ; 20 vol. in-8, demi-veau, dos ornés.   100 fr.

> Cette intéressante collection est illustrée de 21 planches lithographiées et représentant les acteurs célèbres dans les principaux rôles joués par eux. Les cinq derniers volumes sont en plus ornés de nombreuses vignettes sur bois.

1972. **Maistre** (Le Comte Joseph de). Les Soirées de Saint-Pétersbourg, ou entretiens sur le gouvernement temporel de la Providence. Sixième édition. *Lyon,* 1850; 2 vol. in-8, bas., dos ornés.   6 fr.

1973. **Mario** (Marc) et **Launay**. Vidocq. Le Roi des voleurs. — Le Roi des policiers. *Paris, s. d.* (1888-1890); in-4, demi-rel. chagr. vert, tr. marbr.   8 fr.

> Illustré d'un grand nombre de figures et de 2 frontispices en couleurs. Marc Mario est le pseudonyme de Maurice Jogand.

1974. **Masque** (Le) de Fer. Échos illustrés du Figaro. *Paris, bureau du Figaro,* 1878 ; in-fol., cart., tr. dor.   5 fr.

> Nombreuses illustrations par *Bertall.*

1975. **Maupertuis**. Vénus physique. *S. l.,* 1746; in-16, basane. 7 fr.

> Ouvrage contenant deux dissertations curieuses sur l'origine des hommes et des animaux et sur l'origins des noirs.

1976. **Maynard** (l'abbé). La Sainte Vierge. *Paris, Firmin-Didot,* 1877; in-4, demi-rel. dos et coins de mar. bleu, dos orné, tête dor., *non rogné.*   28 fr.

> Ouvrage illustré de 14 chromolithographies, 3 photogravures et 200 gravures par Huyot.

1977. **Mélanges** curieux et anecdotiques tirés d'une collection de lettres autographes et de documents historiques ayant appartenu à M. Fossé-d'Arcosse. *Paris, Techener,* 1861 ; in-8, br.   10 fr.

1978. **Mémoires** pour servir à l'histoire de la maison de Condé. *Paris,* 1820 ; 2 vol. in-8, basane.   5 fr.

> Portraits et nombreux fac-similés de lettres autographes.

1979. **Mémoires** de M. L. D. D. N. (Madame la duchesse de Nemours) contenant ce qui s'est passé de plus particulier en France pendant la guerre de Paris, jusqu'à la prison du cardinal de Retz, arrivée en 1652. Avec les différens caracteres des personnes qui ont eu

Et de Livres anciens et modernes

part à cette guerre. *A Cologne*, 1709 ; in-12, veau, dos orné. 10 fr.

1980. **Mendès** (Catulle). Les îles d'Amour. Avec six eaux-fortes et trente-huit dessins originaux de G. Fraipont. *Paris, Frinzine*, 1886 ; in-4, br., couv.   10 fr.

Belles eaux-fortes.

1981. **Merval** (de). Catalogue et Armorial des présidents, conseillers, gens du roi et greffiers du parlement de Rouen, dressés sur les documents authentiques. *Evreux, Hérissey*, 1867 ; in-4, fig., demi-rel. dos et coins de mar. rouge, tête dor., *non rogné*.   20 fr.

1982. **Mesnard** (Jules). Les Merveilles de l'Art et de l'Industrie. Antiquité, Moyen Age, Renaissance, temps modernes. *Paris*, 1869 ; in-4, en feuilles dans un carton.   15 fr.

Nombreuses gravures sur bois et à l'eau-forte.

1983. **Meursius.** Joanni Meursii elegantia latini sermonis seu Aloisia sigua toletana de arcanis amoris et veneris adjunctis fragmentis quibusdam eroticis. *Lugduni Baiavorum ex typis Elzevirianis (Paris, Barbou)*, 1774 ; 2 part. en 1 vol. in-8, veau, fil., tr. dor. 25 fr.

Bel exemplaire : titre et frontispice gravés.

1984. **Michiels.** Rubens et l'école d'Anvers. *Paris, Ad. Delahays*, 1854 ; in-8, demi-rel. veau fauve, dos orné, *non rogné*.   4 fr.

1985. **Michiels** (Alfred). Van Dyck et ses élèves. *Paris, Loones*, 1882 ; gr. in-8, br.   12 fr.

8 eaux-fortes du maitre et 16 autres gravures dont 12 hors texte.

1986. **Mignard.** Le Roman en vers de Girart de Rossillon, jadis duc de Bourgoigne. *Paris, Techener*, 1858 ; gr. in-8, br.   8 fr.

Publié d'après les manuscrits de Paris, Sens et Troyes, avec 9 dessins dont 6 coloriés.

1987. **Millet-Robinet** (Mme). Maison rustique des Enfants. *Paris, libr. agricole*, 1890 ; gr. in-4, br. 5 fr.

Figures sur bois.

1988. **Mirecourt** (Eug. de). Les Contemporains. *Paris, Roret et Havard*, 1854-1858 ; 100 fasc. in-12, br., portraits et fac-similés. 40 fr.

1989. **Mirecourt** (Eug. de). Les Contemporains. Portraits et silhouettes du XIXe siècle. *Paris, Librairie des Contemporains*, 1869-1871 ; fascicules 1 à 140, portraits, br.   50 fr.

Manquent les fascicules 111, 113, 115, 116, 120, 124, 125, 126, 127, 128, 129, 131, 132, 133, 135, 138.

1990. **Missel pontifical** di Estevan Gonçalves Netto, propriété de l'académie royale des sciences de Lisbonne, reproduit en chromolithographie et précédé d'une notice sur l'ornementation des Mss. portugais, avec mention d'un poème français ms., rappelant la fête brésilienne qui eut lieu à Rouen en 1550, par M. Ferdinand Denis. *Paris, Macia et Cie, s. d.* (vers 1882) ; in-fol., velours violet, dos et plats ornés, tr. dor.   120 fr.

Reproduction (fac-simile) par la chromolithographie du Missel d'Estevan Gonçalvez Netto, comprenant, outre le titre, 49 planches reproduisant 10 grandes miniatures à pleine page. une miniature à mi-page et 77 pages ornées. Accompagnée d'une dissertation de Ferd.-Denis, intitulée : De la peinture des manuscrits illustrés en Portugal (texte français et traduction portugaise par M. Mendès Léal).

1991. **Molière.** Œuvres, avec un Commentaire, un Discours préliminaire et une Vie de Molière par M. Auger. *Paris, Desoer*, 1819-1829 ; 9 vol. in-8, demi-rel. mar. ch. vert, tête dor., *non rognés*. 50 fr.

Exemplaire tiré sur grand papier vélin.

1992. **Molière.** Œuvres complètes. *Paris, U. Canel*, 1826 ; in-8, veau gris, fil., tr. peign. (*Messier*) 10 fr.

Orné de 30 vignettes de Devéria.

1993. **Molière.** Œuvres complètes de Molière, avec un discours préliminaire sur la Comédie, une vie de Molière et des notices sur chaque pièce, par Auger. *Paris, Furne*, 1838 ; gr. in-8, br., couv.   12 fr.

Portrait par Chenavard et 15 jolies figures sur acier d'après *Horace Vernet. A. Johannot, Desenne et Hersent*, etc.

1994. **Molière.** Œuvres complètes, nouvelle édition collationnée sur

Achat de Bibliothèques

les textes originaux avec leurs variantes. Précédée de l'histoire de sa vie et de ses ouvrages par M. J. Taschereau. *Paris, Furne,* 1863 ; 6 vol. gr. in-8, dos et coins de mar. rouge, têtes dorées, *non rognés.* (*Smeers*). 200 fr.

Exemplaire sur GRAND PAPIER auquel on a ajouté : 1° la suite de 31 figures de *Moreau le jeune,* AVANT LA LETTRE, de l'édition de 1772; 2° la suite de 31 figures de *Moreau le jeune,* sur Chine, de l'édition Renouard.

1995. **Molière.** Théâtre choisi de Molière, avec une notice par M. Poujoulat. *Tours, Mame,* 1878-1879 ; 2 vol. gr. in-8, br. 50 fr.

GRAND PAPIER VERGÉ numéroté.
Belle édition illustrée du portrait de Molière, et de 50 charmantes vignettes en-têtes gravées à l'eau-forte par *V. Foulquier* et tirées sur *Chine monté.*

1995bis. *Le même. Tours,* 1878-1879 ; 2 vol. in-8, portr. et vign., br. 30 fr.

PAPIER VÉLIN.

1996. **Molière.** Œuvres complètes de Molière. Illustrées de nombreuses vignettes. *Paris, Ch. Lahure, s. d.*; 2 vol. pet. in-4 à 2 col., br., couv. ill. 5 fr.

1997. **Monnet** (Emile). Histoire de l'Administration provinciale, départementale et communale en France. *Paris, A. Rousseau,* 1885 ; in-8, br. 5 fr.

1998. **Monnier** (Antoine). Le Haschisch. Contes en prose, sonnet et poëmes fantaisistes. Texte et gravures par Antonin Monnier. *Paris, Léon Willem,* 1877; in-4, br. 10 fr.

Trente planches hors texte gravées à l'eau-forte.

1999. **Monnier** (Heury). Œuvres diverses ; in-12.

1° Scènes populaires. *Paris, Hetzel,* 1846 ; 2 vol., demi-rel. 10 fr.

2° Les Bourgeois de Paris. *Paris, Charpentier ;* 1 vol. demi-rel. 5 fr.

3° Mémoires de Monsieur Joseph Prudhomme. *Paris, lib. nouvelle,* 1858; 2 vol. br. 10 fr.

4° Paris et la Province. *Paris, Garnier,* 1866 ; 1 vol. demi-veau fauve. 5 fr.

2000. **Monrose,** ou le Libertin, par Fatalité. *S. l.* (*Paris, Cazin*), 1797; 4 parties, rel. en 2 vol. mar. citron jans., fil. à froid, dent. int., tr. dor. 200 fr.

Ce roman est généralement attribué à Nerciat, cependant Wolff, dans son *Histoire du roman,* en allemand, remarquant quelque différence avec *Felicia,* dans le style et dans la composition, doute de l'exactitude de cette attribution.
Très rare.

2001. **Montémont** (Albert). Lettres sur l'astronomie, ou traité élémentaire et complet d'astronomie. *Paris, Ledoyen,* 1859 ; 2 vol. in-8, br. 5 fr.

Illustré de 2 planches.

2002. **Montesquieu.** Œuvres complètes avec notes. *Paris, Didot,* 1857 ; gr. in-8, br. 5 fr.

2003. **Montrosier** (Eugène). Peintres modernes. Ingres — H. Flandrin — Robert Fleury. *Paris, Baschet,* 1882 ; in-8, br. 7 fr.

Exemplaire sur PAPIER DU JAPON. Planches sur Chine appliqué.

2004. **Moralité.** Les Blasphémateurs de Dieu, à 17 personnages. *Paris, Silvestre,* 1831 ; caract. gothiques ; gr. in-8, format agenda, br. 10 fr.

Réimpression fac-simile tirée à 90 ex. numérotés.

2005. **Morand** (Sauveur-Jérôme). Histoire de la Ste-Chapelle royale du Palais, enrichie de planches ; par M. Sauveur-Jérôme Morand, chanoine de ladite église. *Paris, Clousier et Prault,* 1790 ; in-4, demi-rel. chagr. noir, éb. 20 fr.

Exemplaire en GRAND PAPIER orné de planches en taille-douce.

2006. **Morus** (Th.). Idée d'une république heureuse, ou l'Utopie de Th. Morus. Traduite en françois par M. Gueudeville. *Amsterdam, Fr. l'Honoré,* 1730 ; in-12, veau. 12 fr.

Figures de *Bleyswick.*

2007. **Motteville** (Mme de). Mémoires pour servir à l'histoire d'Anne d'Autriche, épouse de Louis XIII, roi de France. *Maestricht, Dufour et Roux,* 1782 ; 6 vol. in-12, mar. vert, dos ornés, fil., tr. dor. (*Wright*). 100 fr.

2008. **Mouton** (Eug.). Les Lois pénales de la France, en toutes matières et devant toutes les juridictions, exposées dans leur ordre

naturel, avec leurs motifs. *Paris,
1858* ; 2 vol. gr. in-8, br. 8 fr.

2009. **Murr** (Ch.-Th.). Description
du cabinet de Monsieur Paul de
Praun à Nuremberg par Chris-
tophe-Théophile de Murr. *A Nuremberg, chez J.-Th. Schneider,
1797* ; in-8, cart. 5 fr.

Portrait de Paul de Praun d'après
Strauch par *Nussbiegel* et 6 planches
gravées en taille-douce. Catalogue d'une
belle collection du XVI⁰ siècle, tableaux,
dessins, estampes, pierres gravées, médailles, livres.

2010. **Musset** (Alf. de). Œuvres.
Paris, Charpentier, s. d. (1882) ;
in-4, dos et coins de mar. rouge,
tête dor., *non rogné.* 18 fr.

Ornées de dessins de M. Bida, gravés en
taille-douce, par les premiers artistes.

2011. **Nansen** (Fr.). Vers le pôle,
traduit par Charles Rabot. *Paris,
Flammarion, s. d.* ; in-8, br.,
couv. ill. 4 fr.

Orné du portrait de l'auteur et de 200
illustrations d'après les photographies et
les dessins de l'explorateur.

2012. **Napoléon III**. Œuvres posthumes et autographes inédits de
Napoléon III en exil, recueillis et
coordonnés par le comte de la
Chapelle. *Paris, Lachaud, 1873* ;
gr. in-8, portr. et autogr. 10 fr.

2013. **Nausikaa** , traduction de
Leconte de Lisle. *Paris, Piazza,
1899* ; in-4, br., couv. ill. 60 fr.

Publication artistique. Les compositions
décoratives, la couverture, les lettres ornées, les fleurons et les culs-de-lampe ont
été exécutés par *Gaston de Latenay* et
gravés par *Auckert et C⁰*.
Exemplaire sur PAPIER VÉLIN FILI-
GRANÉ. *Ex dono des éditeurs.*

2014. **Nissen**. Histoire de W. A.
Mozart, sa vie et son œuvre, d'a-
près la grande biographie de G.
N. de Nissen, augmentée de nouvelles lettres et de documents authentiques. Traduite de l'allemand
par Albert Sowinski. *Paris, Garnier, 1860* ; gr. in-8, br. 8 fr.

2015. **Norvins** (de). Histoire de
Napoléon. *Paris, Ambroise Dupont, 1827-1828* ; 4 tomes en 16 li-
vraisons in-8, br., couv. imp. 30 fr.

Très bel exemplaire de la 1⁰ édition de
cet important ouvrage. Illustrée de portraits et vignettes dessinés et gravés par
Couché, et de nombreux plans et cartes.

2016. **Office** (l') de la quinzaine de
Pâques, suivant le nouveau bré-
viaire de Paris et de Rome, en
latin et en françois. *Paris, De-
hansy, 1806* ; in-12, mar. rouge,
dent. sur les plats, dos orné, tr.
dor. 5 fr.

2017. **Ohnet** (Georges). Les Vieilles
Rancunes. *Paris Ollendorff, 1895* ;
pet. in-4, br. 7 fr.

80 figures d'après les dessins de *Simo-
naire.*

2018. **Old Nick** et **Grandville**.
Petites misères de la vie humaine.
Joco Siera. *Paris, H. Fournier,
1843* ; gr. in-8, demi-chag. vert,
non rogné. 20 fr.

1⁰ édition illustrée de 200 vignettes sur
bois, dont 50 grandes tirées à part, y com-
pris deux titres-frontispices. Curieux sujets humoristiques sur les mésaventures
et les tribulations d'autrui. Mouillures.

2019. **Operas** lyriques du XVIII⁰
siècle, reliés en 1 vol. in-8. 10 fr.

Persée, tragédie, 1770. — Caster et Pol-
lux, 1770. — La Tour enchantée, ballet
figuré, mêlé de chant et danse, 1770. —
La reine de Golconde, opéra, 1771. —
Isménor, drame héroïque, 1773. — Belle-
rophon, tragédie, 1773. — Sabinus, tragédie lyrique, 1773. — Ernelinde, tragédie
lyrique, 1773. — Issé, pastorale héroïque,
1773. — Cephale et Procrés ou l'amour
conjugal, tragédie lyrique, 1773. — Iphi-
génie en Aulide, opéra, 1777. Toutes ces
pièces sont de la 1⁰ édition.

2020. **Orléans** (Prince Henri d').
Du Tonkin aux Indes. Janvier
1895-Janvier 1896. *Paris, Lévy,
1898* ; in-4, br. 18 fr.

Illustrations de *G. Vuillier*, gravures
de *J. Huyot*, cartes et appendice géographique par *Emile Roux*.

2021. **Ovide.** Nouvelle traduction
des Heroïdes d'Ovide. *Paris, Durand, 1763* ; in-8, demi-veau. 10 fr.

Orné de 1 titre et 21 vignettes par *Zoc-
chi*, gravés par *Grégori*, et 14 culs-de-
lampe par *Grégori.*

2022. **Paques** (Julien). Le siècle
d'or ou le bonheur de la France,
strophes en l'honneur de la naissance du Prince, roi de Rome, hé-
ritier du trône du grand Napoléon,
par M. Julien Paques, contrôleur
des droits réunis. *Paris, Gillé,
1811* ; Plaq. in-8 de 14 ff., br. 10 fr.

12 vignettes en médaillons gravées par
Blanchard. Fleuron et culs-de-lampe
gravés sur bois.

2023. **Paris** (vice-amiral) et **L. de
Veyran**. Les Peintres et Dessi-

nateurs de la Mer. Armand et Léon Paris. *Paris, Belhatte et Thomas,* 1889 ; in-4, br. 8 fr.

Ouvrage orné de 40 dessins dans le texte, de 16 gravures au burin par *Armand Paris* et de 6 eaux-fortes par *Léon Paris.*

2024. **Paris-Londres.** Keepsake français. Nouvelles inédites, illustrées de vignettes gravées à Londres par les meilleurs artistes. *Paris, Delloy-Desmé et Cie,* 1837-1842 ; 5 vol. in-8, demi-veau rouge, dos ornés (*Rel. anc.*). 120 fr.

Collection ornée de 5 titres gravés et 124 gravures sur acier.

2025. **Paris.** Picturesque views of public edifices in Paris. By Messrs. Segard and Testard, aquatinted, in imitation of the Drawings by Mr. Rosenberg. *London, J. Moyes,* 1814 ; in-4, cart., *non rogné* (*Rel. anc.*). 40 fr.

Ce recueil comprend 20 planches à l'aquatinte représentant les principaux monuments de Paris.

2026. **Paris historique.** Promenade dans les rues de Paris, par MM. Ch. Nodier et Aug. Regnier et Champin, avec un résumé de l'histoire de Paris par L. Christian. *Paris, Levrault-Bertrand,* 1838-1839; 3 vol. in-8, demi-veau rouge, dos ornés. (*Rel. anc.*). 80 fr.

Ouvrage orné de 202 vues lithographiées sur papier de Chine, d'après les dessins de MM. *Aug. Regnier* et *Champin.*

2027. **Paris.** Inventaire général des Œuvres d'art appartenant à la Ville de Paris, dressé par le service des Beaux-Arts. *Paris, impr. Chaix,* 1878-1889; 9vol.in-4,cart.toile.50fr.

Edifices civils, 2 vol. — Edifices religieux, 4 vol. — Edifices des arrondissements de Saint-Denis et de Sceaux, 2 vol. — Edifices divers, 1 vol.

2028. **Paris** pittoresque. Nouvelle édition revue et corrigée avec soin, augmentée d'un plan de Paris et des fortifications. *Paris,* 1842; 2 vol. gr. in-8, br. 5 fr.

Texte seul.

2029. **Paris** qui s'en va. Texte par Alfred Delvau, Th. Gautier, Ars. Houssaye, etc., etc. *Paris, Taride,* s. d. ; in-fol., cart. toile rouge, tr. dor. 25 fr.

25 eaux-fortes par *Léopold Flameng,* dont quelques-unes sont différentes de l'édition précédente.

2030. **Parny** (de). Opuscules poé-

tiques. *Amsterdam,* 1779 ; pet. in-8, br., *non rogné.* 5 fr.

Recueil contenant les Poésies érotiques: la Journée champêtre; Lettres et Poésies fugitives.

2031. **Pascal** (Blaise). Texte primitif des Lettres provinciales d'après un exemplaire (1656-1657) où se trouvent des corrections en écriture du temps. *Paris, Hachette,* 1867 ; gr. in-8, br. 10 fr.

2032. **Peignot** (Ouvrages de Gabriel). AMUSEMENT philologique. Seconde édition. *Dijon,* 1824 ; in-8, demi-rel. chagrin brun, *non rogné.* 7 fr.

2033. — BIBLIOGRAPHIE curieuse ou notice raisonnée des livres imprimés à cent exemplaires. *Paris,* 1808 ; in-8, veau bleu, dos orné, tr. dor. 20 fr.

Tiré à 100 exemplaires. Envoi d'auteur au bibliographe Barbier.

2034. — CATALOGUE d'une partie des Livres composant la bibliothèque des ducs de Bourgogne au XVe siècle. *Dijon,* 1841 ; in-4, cart., éb. 5 fr.

2035. — DICTIONNAIRE critique, littéraire et bibliographique des Livres condamnés au feu, supprimés ou censurés. *Paris,* 1806 ; 2 vol. in-8, basane. 20 fr.

2036. — *Le même,* demi-rel. dos et coins de mar. rouge, tête dor., éb. 20 fr.

2037. — DICTIONNAIRE raisonné de Bibliologie. *Paris,* 1802 ; 2 vol. — Supplément. *Paris,* 1804. Ens. 3 vol. in-8, demi-rel. basane. 20 fr.

2038. — ESSAI de Curiosités bibliographiques. *Paris,* 1804 ; in-8, cart. 7 fr.

2039. — ESSAI sur la Reliure des livres et sur l'état de la librairie chez les anciens. *Dijon,* 1834 ; in-8, br. 5 fr.

2040. — LETTRES à C. N. Amanton sur deux manuscrits précieux du temps de Charlemagne. *Dijon,* 1829; in-8, cart. 4 fr.

2041. — DE LA LIBERTÉ de la presse à Dijon au commencement du XVIIe siècle. *Paris et Dijon,* 1836 ; in-8, br. 2 fr.

2042. — MANUEL du Bibliophile, ou traité du choix des livres. *Dijon.*

Et de Livres anciens et modernes

1823 ; 2 vol. in-8, veau bleu, dos orné, comp. à froid, têté dor., *non rognés.*   12 fr.

2043. **Peignot.** *Le même,* br. 10 fr.

2044. — MÉLANGES historiques. *Paris et Dijon,* 1817-1836 ; 3 vol. in-8, demi-rel. veau fauve, dos orné. 45 fr.

> Réunion de quinze opuscules. Précis historique et analytique des pragmatiques, concordats, etc., relatifs à l'Eglise, 1817. — 2. Essai chronologique sur les hivers les plus rigoureux, 1821. — 3. De l'origine de la semaine, 1829. — 4. De l'ancienne bibliothèque des ducs de Bourgogne, 1830. 5. — Documens authentiques sur les dépenses de Louis XIV, 1827. — 6. Recherches historiques sur la personne de Jésus-Christ, 1829. — 7. Histoire d'Hélène Gilliet, 1829. — 8. Essai historique sur la liberté d'écrire chez les anciens et au moyen-âge, 1832. — 9. Essai analytique sur l'origine de la langue française, 1835. — 10. Détails historiques sur le château de Dijon depuis le XVe siècle, 1833. — 11. Les Bourguignons salés, 1835. — 12. La Selle chevalière, 1836. — 13. Souvenirs relatifs à quelques bibliothèques, 1836. — 14. Recherches sur les autographes, 1836. — 15. La liberté de la presse à Dijon, 1836.

2045. — MÉLANGES historiques. *Paris,* 1817-1822 ; in-8, demi-rel. basane.   7 fr.

> Réunion de deux opuscules : 1. Précis historique et analytique des pragmatiques, concordats relatifs à l'Eglise, 1817. — 2. Variétés, notices et raretés bibliographiques, 1822.

2046. — MÉLANGES littéraires, philologiques et biographiques. *Paris,* 1818 ; in-8, br.   5 fr.

2047. — QUELQUES recherches sur le Tombeau de Virgile. *Dijon,* 1840 ; in-8, br.   2 fr.

2048. — RECHERCHES historiques, littéraires et bibliographiques sur la vie et les ouvrages de M. de La Harpe. *Dijon,* 1820 ; in-12, demi-rel. chagr. rouge, tête dor. 10 fr.

> Très rare.

2049. — RECHERCHES sur les ouvrages de Voltaire. *Paris,* 1817 ; in-8, br.   4 fr.

2050. — RELATION des deux missions de Dijon, en 1737 et 1824. *Dijon,* 1824 ; in-12, br.   3 fr.

2051. — RÉPERTOIRE bibliographique universel. *Paris,* 1812 ; in-8, br. 8 fr.

2052. — RÉPERTOIRE de bibliographies spéciales, curieuses et instructives. *Paris,* 1810 ; in-8, demi-rel. veau.   8 fr.

2053. **Peignot** LA SELLE chevalière. *Paris,* 1836 ; in-8, br.   2 fr.

2054. — PH. MILSAND. Catalogue des ouvrages imprimés de Gabriel Peignot. *Paris et Dijon,* 1861 ; pet. in-8, br.   4 fr.

> Avec le supplément.

2055. — J. SIMONNET. Essai sur la vie et les ouvrages de Gabriel Peignot. *Paris,* 1863 ; in-8, br.   6 fr.

2056. — De la Maison royale de France, ou précis généalogique et anecdotique sur la famille de Bourbon. *Paris et Dijon,* 1815 ; in-8, front., demi-rel. bas.   7 fr.

2057. — Amusements philologiques, ou variétés en tous genres (par G.-P. Philomneste). *Dijon, Lagier,* 1842 ; in-8, br.   6 fr.

2058. — Essai analytique sur l'origine de la langue française et sur un recueil des monuments authentiques de cette langue ; depuis le IXe siècle jusqu'au XVIIe, avec des notes historiques, philologiques et bibliographiques. *Dijon, Lagier,* 1835 ; in-8, br., fig. 4 fr.

—————

2059. **Pène** (Henri de). Henri de France. *Paris, Oudin,* 1884 ; in-4, br.   10 fr.

> Portraits et figures.

2060. **Phædri** Augusti liberti Fabulæ. *Lutetiæ, A. Grangé,* 1748 ; in-12, veau fauve.   10 fr.

> Les fables de Phèdre sont suivies de celles de Flavius Avianus et des sentences de Sénèque.
> Frontispice et vignettes en-têtes de *Durand,* gravés par *Fessard.*

2061. **Picart** (Bernard). Cérémonies et coutumes religieuses de tous les peuples du monde ; représentées par des figures dessinées de la main de Bernard Picart, avec des explications historiques et des dissertations curieuses. Nouvelle édition, entièrement conforme à celle de Hollande. *Paris, Prudhomme,* 1807-1810 ; 12 vol. in-fol., demi-rel. veau vert, dos ornés, *non rognés.*   120 fr.

> Nombreuses planches de *Bernard Picart.*

2062. **Pictet** (Adolphe). Les Origines Indo-Europe, ou les aryas pri-

mitifs. Essai de paléontologie lin-
guistique. *Paris, Cherbuliez,* 1859-
1863 ; 2 vol. gr. in-8, br.   25 fr.

2063. **Pinset** (Raphaël) et Jules
d'Auriac. Histoire du Portrait en
France. *Paris, Quantin,*1884 ; in-8,
br.   10 fr.

> Illustrations dans le texte.

2064. **Piroli**. Antiquités d'Herculanum, gravées par Th. Piroli, et
publiées par F. et P. Piranesi,
frères. *Paris,* 1804-1806 ; 6 vol.
gr. in-4, cart.   100 fr.

> Ouvrage comprenant 308 planches : il
> est d'une conservation parfaite et entière-
> ment *non rogné.*
> Exemplaire sur PAPIER VÉLIN.

2065. **Plon** (Eugène). Thorvaldsen,
sa vie et son œuvre. *Paris, H.
Plon,* 1867 ; pet. in-4, br.   20 fr.

> 2 belles gravures au burin par *F. Gail-
> lard,* et 35 compositions de *Thorvaldsen*
> gravées sur bois par *Charbonneau* d'a-
> près les dessins de *Gaillard.*

2066. **Plutarque français** (le),
vie des hommes et des femmes
illustres de la France, depuis le
Ve siècle jusqu'à nos jours. Ouvrage
fondé par M. Ed. Mennechet. Deuxième édition publiée sous la direction de M. T. Hadot. *Paris, Langlois et Leclercq,* 1844-1847 ; 6
vol. in-4, demi-rel. dos et coins de
chagr. violet, éb., *non rognés.* 70fr.

> 180 très beaux portraits gravés en taille-
> douce et tirés sur Chine.

2067. **Poésies** Gasconnes, recueillies
et publiées par F.-T. *Paris, Tross,*
1867-1869 ; 2 vol. in-8, br.   6 fr.

> PAPIER VERGÉ. Poésies du XVIIe siècle
> de J.-G. d'Astros et de d'Arquier.

2068. **Poiré** (Paul). A Travers l'Industrie. Ouvrage illustré de 414 gravures. *Paris, Hachette,* 1891 ; in-4,
br.   10 fr.

2069. **Poiré** (Paul). La France in-
dustrielle ou description des industries françaises. *Paris, Hachette,*
1873 ; gr. in-8, br.   10 fr.

> 432 figures de *Bonnafoux* et *Jahandier*
> gravées sur bois par *Laplante.* Chromo-
> lithographies.

2070. **Pouchet**. L'Univers, les infiniment grands et les infiniment
petits. *Paris, Hachette,* 1868 ; gr.
in-8, br.   9 fr.

2071. **Pougin** (Arthur). Dictionnaire
historique et pittoresque du théâtre et des arts qui s'y rattachent.
Paris, Firmin Didot, 1885 ; in-4,
demi-rel. chagr. rouge avec coins,
dos orné, tête dor., éb.   20 fr.

> Ouvrage des plus intéressants illustré
> de 350 gravures et de 8 chromolithogra-
> phies donnant la représentation de jeux
> antiques, spectacles forains, divertisse-
> ments scéniques, fêtes publiques, réjouis-
> sances populaires, carrousels, courses,
> tournois, etc.
> Bel exemplaire.

2072. **Prévost**. Histoire de Manon
Lescaut et du chevalier des Grieux,
précédée d'une notice historique
sur l'auteur par Jules Janin. *Paris,
Bourdin, s. d.* (1839) ; gr. in-8,
demi-veau rouge, tr. marbrées.
(*Rel. anc.*).   30 fr.

> PREMIÈRE ÉDITION, illustrée de 90 vi-
> gnettes, culs-de-lampe, titres et lettres or-
> nées, gravées sur bois, frontispice en
> camaïeu, 18 fig. *sur Chine,* AVANT LA
> LETTRE et 2 faux-titres imprimés en or.

2073. **Promenades** d'un artiste
(par Désiré Nisard). Bords du
Rhin — Hollande — Belgique —
Tyrol — Suisse — Nord de l'Italie.
Paris, J. Renouard, s. d. (1835) ;
2 vol. in-8, demi-veau vert, dos
ornés (*Rel. anc.*).   70 fr.

> Illustré de 52 fig. d'après *Stanfield et
> Turner.*

2074. **Proudhon** (P.-J.). Correspondance ; précédée d'une notice
par J.-A. Langlois. *Paris, Lacroix,*
1875 ; 14 vol. in-8, br.   45 fr.

2075. **Quatrelles** (Lépine). Légende
de la Vierge de Munster. Illustrations de Eugène Courboin. *Paris,
Charpentier* (1881); in-4, br. 8 fr.

> 15 planches hors texte par *Courboin.*
> Couverture illustrée par *Grasset.*

2076. **Quérard**. La France littéraire,
ou dictionnaire bibliographique des
savants, historiens et gens de lettres
de la France ; ainsi que des littérateurs étrangers qui ont écrit en
français, plus particulièrement pendant les XVIIIe et XIXe siècles, par
J.-M. Quérard. *Paris, Firmin Didot,* 1827-1839 ; 10 vol. in-8, demi-
rel. dos et coins de mar. vert, tête
dor., *non rognés* (*Coquard*). 140 fr.

> Superbe exemplaire en GRAND PAPIER
> VERGÉ. Rare.

2078bis. *Le même.* demi-chag. rouge
(pap. ord.).   45 fr.

Et de Livres anciens et modernes

2077. Rabelais. Œuvres. *Paris, Le-dentu*, 1835 ; gr. in-8, portr., demi-rel. veau brun. 5 fr.

Texte à 2 colonnes.

2078. Racine. Œuvres complètes, revues avec soin sur toutes les éditions de ce poète avec des notes extraites des meilleurs commenta-teurs par Auguis. *Paris, de Fortic*, 1826 ; in-8, demi-rel. dos et coins de mar. vert, dos orné. 6 fr.

Belle impression typographique exécutée par Lachavardière fils en caractères minus-cules.

2079. Racine. Œuvres de J. Racine. Nouvelle édition revue sur les plus anciennes impressions et les auto-graphes et augmentée de morceaux inédits, des variantes, de notices, de notes, d'un lexique des mots remarquables, d'un portrait, de fac-simile, etc., par M. Paul Mes-nard. *Paris Hachette*, 1865-1873 ; 8 vol. in-8 et 2 albums dont 1 de musique, demi-rel. mar. rouge, tr. peigne. 75 fr.

Excellente édition. De la collection des *Grands Ecrivains*.

2080. Racine. Œuvres complètes de J. Racine, avec une vie de l'auteur et un examen de chacun de ses ouvrages, par M. Saint-Marc Girar-din. *Paris, Garnier*, 1869-1877 ; 8 vol. in-8, portr. et fig., br. 30 fr.

Figures de *Staal*.

2081. Rambosson. Les Astres. *Pa-ris, Didot*, 1891 ; in-4, br. 8 fr.

Ouvrage illustré de 87 figures en noir, et de 10 planches en couleurs.

2082. Ramée (Daniel). L'Architec-ture et la Construction pratiques, mises à la portée des gens du monde, des élèves et de tous ceux qui veulent faire bâtir. *Paris, Fir-min-Didot*, 1868 ; in-8, demi-rel. mar. brun, *non rogné*. 4 fr.

Figures dans le texte.

2083. Réaumur. Mémoires pour servir à l'histoire des Insectes. *Pa-ris, impr. royale*, 1734-1742 ; 6 vol. in-4, veau. 50 fr.

Bel exemplaire de premier tirage avec nombreuses planches.

2084. Recueil d'Anecdotes ancien-nes, modernes et contemporaines. Nouvelle édition illustrée de 120 vignettes. *Paris, Laisné*, 1857 ; in-8, br. 3 fr. 50

2085. Recueil des instructions don-nées aux ambassadeurs et ministres de France, depuis les traités de Westphalie jusqu'à la Révolution française, publié sous les auspices de la commission des Archives diplomatiques au ministère des Affaires étrangères. **Russie**, avec une introduction et des notes par Alfred Rambaud. Tome I (des ori-gines jusqu'à 1748). *Paris Alcan*, 1890 ; in-8, br. 5 fr.

Recueil de documents du plus haut in-térêt historique. PAPIER VERGÉ.

2086. Recueil de onze opuscules du XVIIe siècle, réimprimés in-12, demi-rel. mar. rouge, dos orné, tête dorée. 20 fr.

Ce recueil comprend entre autres pièces curieuses : Louange de la victoire du très crestien roy de France obtenue en la con-queste de la ville et cyté de Napples, etc. Le banquet du boys. — Des marques des sorciers, etc. — Le plaisant discours d'un médecin savoyart. — Estrennes de l'asne, etc., etc. Figures sur bois.

2087. Regis de l'Estourbeillon. Les Familles françaises à Jersey pendant la Révolution. *Nantes, Vincent Forest*, 1886 ; gr. in-8, br. 6 fr.

2088. Regnard. Œuvres, suivies des Œuvres choisies de N. Des-touches. *Paris Ledentu*, 1836 ; gr. in-8 à 2 col., demi-rel. chagr. rouge, dos orné, tr. peigne. 5 fr.

2089. Regnier. Satyres et autres œuvres, avec des remarques de Cl. Brossette. *Londres, Lyon et Woodman*, 1729 ; in-4, veau, dos orné, dent., tr. jaspée. 20 fr.

Bel exemplaire en PAPIER FORT orné d'un frontispice par *Humblot*, gravé par *Tardieu*, d'un fleuron sur le titre, du même, gravé par *Baquoy*, de 6 vignettes par *Humblot*, gravées par *Mathey, Ba-quoy* et *Crepy fils*, et de 5 lettres ornées.

2090. Remarques sur l'instruction des enfants illustres qui sont des-tinés au gouvernement (par Cru-sen). *S. l. n. d.* (Helmstadt, 1731) ; in-8, mar. rouge, fil., dos et coins ornés, tr. dor. (*Rel. anc.*). 5 fr.

2091. Remond (Ch.). Histoire d'un siècle et d'une famille. Les trois Républiques et les trois Carnot. *Paris, G. Maurice, s. d.* (1890) ;

gr. in-8, demi-rel. dos et coins de chagrin rouge, tr. dor.   8 fr.

Ouvrage illustré de nombreuses gravures sur bois.
Envoi d'auteur.

2092. Rességuier (Jules de). Les Prismes poétiques. *Paris*, 1838 ; in-8, br.   4 fr.

2093. Restif de la Bretonne. Les Veillées du Marais, ou histoire du grand prince Oribean, roi de Mommonie, au pays d'Evinland, et de la vertueuse princesse Oribelle, de Lagenie. *Imprimé à Watterford*, 1785 ; 4 parties en 2 vol. in-12, br., *non rognés*.   15 fr.

2094. Ribeyre (Félix). L'Empereur et l'Impératrice en Auvergne. *Paris, E. Pick*, 1862 ; in-8, cart. ill., *non rogné*.   5 fr,

Portraits lithographiés et vignettes sur bois. Taches de rousseur.

2095. Rich (Anthony). Dictionnaire des antiquités romaines et grecques. Traduit de l'anglais sous la direction de M. Cheruel. *Paris, Didot*, 1861 ; in-12, br.   8 fr.

Ouvrage illustré de 2.000 gravures d'après l'antique, représentant tous les objets de divers usages d'art et d'industrie des Grecs et des Romains.

2096. Richepin (Jean). La Mer. *Paris, Maurice Dreyfous*, 1886 ; in-4, carré, br.   14 fr.

Belle édition tirée à 500 exemplaires dont 450 sur PAPIER VÉLIN (n° 244).

2097. Robida. La Vieille France. Provence. Texte, dessins et lithographies par A. Robida. *Paris, libr. illustrée, s. d.* (1893) ; in-4, br.   20 fr.

Belles et intéressantes illustrations.

2098. Robida (A.). La Vieille France. Normandie. Texte, dessins et lithographies par A. Robida. *Paris, libr. illustrée, s. d.* ; gr. in-4, br.   20 fr.

2099. Robbé de Beauveset. Œuvres badines. *Londres*, 1801 ; 2 parties en un vol. in-18, demi-rel. veau.   15 fr.

2 figures de *Monnet*. Raccommodage dans le bas de la marge du faux-titre du tome II.

2100. Rœderer (P.-L.). L'esprit de la Révolution de 1789. *Paris*, 1831 ; in-8, br.   3 fr.

2101. Roger-Ballu. Les Dessins du siècle. *Paris, L. Baschet et Ch. Gillot, s. d.* ; in-fol., fig., cart.   12 fr.

66 planches reproduisant les œuvres des maîtres de la peinture et du dessin du XIX⁰ siècle. Texte encadré d'un filet rouge.

2102. Roger-Milès (L.). Art et Nature. Etudes brèves sur quelques artistes d'hier et d'aujourd'hui. *Paris, Boudet* (1897); in-4, br.   15 fr.

PAPIER VÉLIN DU MARAIS numéroté.
35 eaux-fortes, héliogravures et lithographies originales. Texte encadré.

2103. Roger-Milès. Le Paysan dans l'œuvre de J.-F. Millet. *Paris, Petit et Flammarion*, 1895 ; in-4, cart.   10 fr.

Portrait et 25 reproductions d'après les chefs-d'œuvre du maître.

2104. Rohault de Fleury. Mémoire sur les instruments de la Passion de N.-S. Jésus-Christ. *Paris, Lesort*, 1870 ; in-fol., demi-rel. chagr. rouge, tête dor., *non rogné*.   35 fr.

23 planches.

2105. Rohrbacher. Histoire universelle de l'Eglise catholique continuée jusqu'en 1866 par J. Chantrel avec une table générale méthodique et très complète par Léon Gautier. Septième édition. *Paris, Gaume*, 1876 ; 17 vol. gr. in-8, demi-rel. chagr. noir.   70 fr.

Bon exemplaire de cette savante histoire de l'Eglise, l'une des meilleures et des plus complètes qui existent. Excellente édition ornée du portrait de l'auteur dessiné par *Pauquet* et gravé par *Monnin*. Manque l'atlas.

2106. Ronsard. Les Poemes de P. de Ronsard, gentilhomme vandomois. Tome VIII. — Les Hymnes de P. de Ronsard, gentilhomme vandomois. Tome VII. *Paris, Buon*, 1587 ; deux tomes en un vol. in-12 vélin, fil., dos orné de feuillage, tr. dor. (*Rel. anc.*).   100 fr.

Deux portraits de Ronsard gravés sur bois. Armes sur le dos de la reliure.

2107. Rougebief. Histoire de la Franche-Comté, ancienne et moderne, précédée d'une description de cette province. *Paris, Stévenard*, 1851 ; gr. in-8, br.   7 fr.

2108. Roujoux et Mainguet. Histoire d'Angleterre depuis les temps

Et de Livres anciens et modernes

les plus reculés jusqu'à nos jours. *Paris, Hingray,* 1847 ; 2 vol. gr. in-8, br. 20 fr.

Illustrations sur Chine et 500 gravures sur bois.

2109. Rousseau (J.-J.). Œuvres complètes avec des éclaircissements et des notes historiques par P.-R. Auguis. *Paris, Dalibon,* 1825 ; 27 vol. in-8, demi-rel. veau fauve, dos ornés, tr. jaspées. 100 fr.

Bel exemplaire.

2110. Rousseau (J.-J.). Œuvres complètes. *Paris, Verdière,* 1826 ; in-8, veau marb., dos orn., dent., tr. marb. (*Rel. anc.*). 15 fr.

Édition microscopique, imprimée sur deux colonnes.

2111. Rousselet (Louis). Nos grandes Ecoles militaires et civiles. *Paris, Hachette,* 1888 ; gr. in-8, percal., tr. dor. 4 fr.

Illustré de 169 gravures sur bois.

2112. Sahib. Croquis maritimes par Sahib (Gourdon). *Paris, Vanier,* 1880; in-4, cart. toile, tr. dor. 12 fr.

PREMIER TIRAGE. Nombreux dessins humoristiques.

2113. Sainte-Beuve. Galerie de Femmes célèbres tirée des Causeries du Lundi. *Paris, Garnier,* 1862 ; gr. in-8, chag. brun, plats toile, tr. dor. — Nouvelle galerie de femmes célèbres... *Paris Garnier,* 1865 ; gr. in-8, chag. vert, plats toile, tr. dor. Ens. 2 vol. 12 fr.

22 portraits gravés au burin d'après les dessins de *G. Staal.*

2114. Saintine. Picciola. *Paris, Marchant,* 1843 ; gr. in-8, front. et fig., demi-rel. chagrin bleu, dos orné. 12 fr.

Bel exemplaire de la PREMIÈRE ÉDITION ILLUSTRÉE de 125 vignettes gravées sur bois par *Porret* d'après les dessins de *Tony Johannot, Nanteuil, Français* et *Gagniet.* etc.

2115. Sallabery (J.-D.-J.). Chants populaires du pays basque, paroles et musique originales. *Bayonne,* 1870 ; gr. in-8, br. 8 fr.

2116. Salon des Aquarellistes français. Texte de Eugène Montrosier. *Paris, Launette,* 1887-1888; 2 vol. in-4, br. 75 fr.

Première et seconde années. Très belle publication ornée de nom-breuses reproductions d'œuvres des meilleurs maîtres de l'époque. Couvertures illustrées.
Publié à 140 fr.

2117. Sanlaville (F.). Étude sur l'émancipation en droit romain et en droit français. *Paris, Pichon,* 1878 ; gr. in-8, br. 3 fr.

2118. Sarah-Bernhardt. Dans les Nuages, impressions d'une chaise. Illustré par Georges Clairin. *Paris, Charpentier, s. d.;* in-4, br. 6 fr.

2119. Scarron. Le Roman comique. *Paris, imp. de Didot jeune, an IV;* 3 vol. in-8, rel. en demi-veau vert, dos orn., tr. marb. 20 fr.

Édition ornée de 1 portrait et 15 figures de *L. Barbier,* gravés par *Baquoy, Dambrun, Duclos, Hubert, Patas, Petit, Romanet* et *Simonet.*

2120. Schiller. Œuvres. Poésies, Théâtre, Œuvres historiques, Mélanges, Esthétiques. Traduction nouvelle par Ad. Regnier. *Paris, Hachette,* 1859-1862 ; 8 vol. gr. in-8, portr., br. 70 fr.

L'un des 100 exemplaires tirés sur GRAND PAPIER VÉLIN.

2121. Schœll (Fr.). Histoire abrégée de la littérature romaine. *Paris, Gide,* 1815 ; 4 vol. in-8, demi-rel. veau. 15 fr.

2122. Scott (Walter). Œuvres, traduction Defauconpret. *Paris, Furne, Pagnerre, Perrotin,* 1856-1862 ; 30 vol. in-8, br. 70 fr.

Vignettes par *Raffet* gravées sur acier.

2123. Scott (Walter) illustré. *Paris, Firmin Didot,* 1882-1892 ; 10 vol. gr. in-8, br. Chaque volume. 6 fr.

L'Antiquaire. — Waverley. — Le dernier des Mohicans. — Le Monastère. — La Prison d'Edimbourg. — La Fiancée de Lammermoor. — Woodstock. — Le Pirate. — Peveril du Pic. — Richard en Palestine.
Belles illustrations sur bois.

2124. Semedo (Alvarez). Histoire universelle du grand royaume de la Chine composée en italien par le P. Alvarez Semodo, et traduite en notre langue par Louis Coulon. *Paris, Séb. Cramoisy,* 1645 ; pet. in-4, demi-rel. chagr. brun, *tête dorée.* 15 fr.

Signatures sur le titre. Mouillures.

2125. Sepet (Marius). Jeanne d'Arc.

Achat de Bibliothèques

Tours, Alfred Mame, 1885 ; gr. in-8, br.   20 fr.

L'un des 65 exemplaires sur PAPIER DE HOLLANDE , illustré de 30 figures hors texte tirées sur Chine et gravées sur bois par *Méaulle,* d'après *Maignan. Zier, Curzon, H. Martin, Maillart, Rochegrosse* et autres.

2126. Sermons facétieux ou ridicules et anecdotes curieuses sur les prédicateurs. *Paris, Delarue, s. d.;* in-8, demi-rel. dos et coins de mar. violet, dos orné, tête dor., *non rogné.*   15 fr.

Exemplaire sur PAPIER ROSE.

2127. Serre (Comte de). Correspondance (1796-1824), annotée et publiée par son fils. *Paris, Vaton,* 1876-1877 ; 6 vol. in-8 , portr., br.   15 fr.

2128. Sieurin. Manuel de l'Amateur d'illustrations. Gravures et portraits pour l'ornement des livres français et étrangers. *Paris, Ad. Labitte,* 1875 ; in-8, br.   10 fr.

PAPIER VERGÉ.

2129. Sieverbrück (J.). Manuel pour l'étude des règles de l'Escrime au fleuret et à l'espadon. *Paris, Ch. Tanera,* 1860 ; in-4, portr., br.   8 fr.

2130. Simon (Jules). Souvenirs du 4 Septembre. Origine et chute du second Empire. Le Gouvernement de la défense nationale. *Paris, Lib. illustrée,* 1875; in-4, br. couv. ill.   3 fr.

Édition illustrée de scènes dessinées par *Vierge, A. Marie,* etc., et de portraits dessinés par *Gilbert, Richard,* etc.

2131. Simonin (Louis). Les Pierres. Esquisses minéralogiques. *Paris, Hachette,* 1869 ; gr. in-8, br. 8 fr.

91 figures sur bois, 6 planches en chromolithographie et 16 cartes en couleur. Publié à 20 fr.

2132. Sismondi (Simonde de). Histoire des Républiques italiennes du Moyen âge. Nouvelle édition revue et corrigée. *Paris, Treuttel et Würtz,* 1826 ; 16 vol. in-8, cart., *non rognés.*   60 fr.

2133. Sonnets et eaux-fortes. *Paris, Lemerre,* 1869 ; in-4, cart., toile rouge, *non rogné.*   100 fr.

42 magnifiques eaux-fortes.

2134. Sowinski (Albert). Les musiciens polonais et slaves anciens et modernes. Dictionnaire biographique des compositeurs, chanteurs, instrumentistes, luthiers, constructeurs d'orgues, poëtes sacrés et lyriques, littérateurs et amateurs de l'art musical, précédé d'un résumé de l'histoire de la musique en Pologne..... *Paris, Le Clère,* 1857 ; gr. in-8, br.   8 fr.

2135. Staël (baronne de). Corinne ou l'Italie. *Paris, Treuttel et Würtz,* 1841 ; 2 vol. in-8, demi-rel. toile verte.   10 fr.

Nombreuses et jolies vignettes gravées sur bois EN PREMIER TIRAGE. Texte encadré.

2136. Stanley (H.-M.). Dans les Ténèbres de l'Afrique, recherche, délivrance et retraite d'Emin Pacha. *Paris, Hachette,* 1790; 2 vol. in-8, br.   12 fr.

150 gravures d'après les dessins de *A. Forestier, Sydney Hall, Monibard, Riou,* et 3 grandes cartes tirées en couleurs.

2137. Strauss. Vie de Jésus ou examen critique de son histoire, traduite de l'allemand par E. Litré. *Paris, Ladrange* ; 2 vol. in-8, br.   7 fr.

2138. Swift (Dean). Gulliver's travels into several remote regions of the worlet. *London* ; gr. in-8, demi-percal.   5 fr.

Illustrations by T. Morten.

2139. Tableau des guerres de la Révolution de 1792 à 1815 par P. G. (Paul Gayant), ancien élève de l'école polytechnique. *Paris, Paulin,* 1838 ; gr. in-8, br.   4 fr.

20 cartes et 30 portraits, gravés sur bois, des généraux qui ont commandé en chef.

2140. Tableau général de la Révolution Française ou Etat des départements en 1793 (par l'abbé Guillon). *Paris, Vve Desbleds,* 1847 ; portr., in-8, br.   3 fr.

2141. Tableaux généalogiques, notices et documents inédits au soutien du mémoire où il est fait mention de plusieurs familles établies à Vitré et paroisses environnantes aux XVe, XVIe, XVIIe et XVIIIe siècles (par Ed. Frayn de

Et de Livres anciens et modernes

la Gaulayrie). *Vitré, impr. Lé-*
cuyer, 1889-1892 ; in-4, br. 15 fr.

> 4 premiers fascicules tirés à 150 exem-
> plaires sur papier vergé.

2142. **Taisand**. Coutume générale
des pays et duché de Bourgogne
avec le commentaire de Monsieur
Taisand. *Dijon, Jean Ressayre,*
1698 ; in-fol., veau, dos orné. 35 fr.

2143. **Taylor et Nodier**. Voyages
pittoresques et romantiques dans
l'ancienne France. — **Auvergne**.
Paris, Didot, 1829; 2 vol. in-fol.,
demi-rel. chagr. rouge, *non ro-*
gnés. 175 fr.

> L'Auvergne renferme environ 250 plan-
> ches, la plupart sur Chine, avec de nom-
> breux culs-de-lampe tirés dans le texte.
> Bel exemplaire.

2144. **Taylor et Nodier**. Voyages
pittoresques et romantiques dans
l'ancienne France. — **Picardie**. —
Paris, Didot, 1835 ; 3 vol. in-fol.,
demi-rel. chagr. rouge, *non ro-*
gnés. 250 fr.

> La Picardie renferme environ 400 plan-
> ches, la plupart sur Chine. Chaque page
> de texte est tirée dans un encadrement
> historié.
> Très bel exemplaire.

2145. **Taylor et Nodier**. Voyages
pittoresques et romantiques dans
l'ancienne France. — **Languedoc**.
Paris, Didot, 1823-1827 ; 6 part.
en 4 vol. in-fol., demi-rel. chagrin
rouge, *non rognés.* 300 fr.

> Le Languedoc, divisé en 6 part., ren-
> ferme 331 planches numérotées de 1 à 331
> et 215 pl. supplémentaires, soit en tout 546
> pl. hors texte, la plupart sur Chine, mais
> très mal chiffrées; le texte n'a pas de pagi-
> nation : les cahiers sont de 2 ff. et chaque
> page est tirée dans un superbe encadre-
> ment historié.
> Très bel exemplaire.

2146. **Taylor et Nodier**. Voyages
pittoresques et romantiques dans
l'ancienne France. — **Champagne**
Paris, Didot, 1857 ; 2 vol. in-fol.,
demi-chag. rouge, *non rognés.* 250 fr.

> La Champagne renferme environ 400
> planches, la plupart sur Chine. Très bel
> exemplaire.

2147. **Tchihatchef** (P. de). Es-
pagne, Algérie et Tunisie ; lettres à
Michel Chevalier. Avec une carte
de l'Algérie. *Paris, J.-B. Bail-*
lière, 1880 ; in-4, br. 7 fr.

2148. **Testament** (Nouveau) de Notre-Seigneur Jésus-Christ, traduit
en français par M. Le Maistre de
Sacy. Nouvelle édition ornée de
96 figures gravées d'après les dessins de MM. Marillier et Monsiau.
Paris, Gay Ponce, Belin, an XIII
(1805) ; 3 vol. in-4, fig., cart., *non*
rognés. 135 fr.

> Exemplaire en PAPIER VÉLIN avec les
> figures AVANT LA LETTRE, provenant de
> la bibliothèque GÉNARD.

2149. **Theuriet** (André). La Vie
rustique, compositions et dessins
de Léon Lhermitte, gravures sur
bois de Clément Bellenger. *Paris,*
Launette, 1888 ; pet. in-4, br.,
couv. 12 fr.

> Très belles illustrations sur bois.

2150. **Thibaud de Marly**. Vers
sur la mort, publiés d'après un
manuscrit de la bibliothèque du
Roi. *Paris, impr. Crapelet,* 1835 ;
gr. in-8, demi-rel. dos et coins
de mar. bleu, dos orné, tête dor.,
non rogné (Cuzin). 10 fr.

2151. **Thierry** (Augustin). Récits
des temps mérovingiens précédés
de considérations sur l'histoire de
France. *Paris, Just Tessier,* 1840 ;
2 vol. in-8, demi-rel. veau rouge,
dos ornés. 5 fr.

> Bel exemplaire.

2152. **Thiers et Félix Bodin**. Histoire de la Révolution française,
accompagnée d'une histoire de la
Révolution de 1355, ou des Etats-
Généraux sous le roi Jean. *Paris,*
Lecointe et Durey , 1823-1827 ;
10 vol. in-8, veau racine. 50 fr.

> Première édition de cet important ou-
> vrage. Les deux premiers volumes ont été
> composés en collaboration avec M. Félix
> Bodin, mais M. Thiers ayant plus tard
> retouché ces deux volumes, dans les édi-
> tions postérieures, ce nom a disparu.
> Cette édition primitive est recherchée
> parce qu'il s'y trouve plusieurs passages
> relatifs à la famille d'Orléans, qui ont été
> modifiés depuis.

2153. **Thirion**. Les Adam et Clo-
dion. *Paris, Quantin,* 1885 ; in-4,
br. 20 fr.

> Belles illustrations tirées hors texte et
> dans le texte.

2154. **Thompson**. Les Saisons ,
poème traduit de l'anglais de Tomp-
son. *Paris, Didot, 1796* ; grand
in-8, veau rac., fil., dos orné, tr.
dor. (*Rel. anc*). 25 fr.

> Édition en grand papier tirée à 300 ex.

4 figures. AVANT LA LETTRE par *Le Barbier*, gravées par *Baquoy, Dambrun, Dupréel* et *Patas*.

2155. Touchard-Lafosse (G.). La Loire historique, pittoresque et biographique, de la source de ce fleuve à son embouchure dans l'Océan. *Paris, Lecesne*, 1851 ; 5 vol. gr. in-8, demi-rel. chag. fauve. 25 fr.

Ouvrage orné du portrait de l'auteur et d'un grand nombre de gravures dans le texte et hors texte par *Rouargue* frères et divers autres artistes.

2156. Toudouze (Gustave). Le Pompon vert. *Paris, E. Testard*, 1888 ; in-8, br. 8 fr.

Illustrations de *Jeanniot*.

2157. Traité de l'origine des cardinaux du Saint-Siège et particulièrement des François avec deux traittez curieux des Legats à Latere. *Cologne, Pierre ab Egmont*, 1665; in-12, mar. rouge, comp. de fil., dos orné, tr. dor. (*Bernon*). 35 fr.

Armes sur les plats.

2158. Un Siècle. Mouvement du Monde de 1800 à 1900. *Paris, J. Boussod, Manzi, Joyant*, 1900 ; 3 vol. in-4, br. 45 fr.

Cet ouvrage divisé en trois parties comprend : le mouvement politique et économique; le mouvement intellectuel, le mouvement religieux. On y remarque comme collaborateurs : MM. Sepet, de Vogüé, H. Joly, Vicomte de Meaux, G. d'Avenel, de Mun, Eug. Tavernier, Brunetière, P. Allard, le C'' Richard, etc.

2159. Vachon (Marius). L'Ancien Hôtel de Ville de Paris (1533-1871). *Paris, Quantin*, 1882 ; in-4, cart., *non rogné.* 15 fr.

100 gravures dans le texte et 25 planches hors texte tirées en taille-douce, reproduisant les peintures et autres œuvres d'art détruites dans l'incendie de 1871.

2160. Vachon (Marius). Les Arts et les industries du Papier en France, 1871-1894. *Paris, May et Motteroz*, 1894 ; in-4, br. 10 fr.

Nombreuses illustrations.

2161. Vachon (Marius). La Femme dans l'Art. Les Protectrices des arts, les femmes artistes. *Paris, Rouam*, 1893 ; in-4, br. 12 fr.

400 gravures.

2162. Vachon (Marius). Les Marins russes en France. Préface par E. Melchior de Vogüé. *Paris, Quantin*, s. d. (1894) ; in-4, br. 10 fr.

Ouvrage illustré de 15 grandes planches en héliotypie et chromotypographie. 170 dessins d'après nature. Couverture en couleur.

2163. Vacquerie (Auguste). Tragaldabas. Édition illustrée de 54 compositions par Edouard Zier, gravées par F. Méaulle. *Paris, Chamerot*, 1886 ; in-4, br. 20 fr.

GRAVURES DU XVIIIᵉ SIÈCLE
FIGURES, VIGNETTES, CULS-DE-LAMPE

sans marges, découpées dans différents ouvrages tels que : *La Fontaine. — Dorat : Fables et Baisers. — Boccace. — Heptaméron*, etc., etc. Ces gravures sont soigneusement remontées sur des feuilles de papier gr. in-4.

2164. Binet. 11 frontispices et 14 figures pour divers ouvrages. Ensemble 25 pièces, gravées par Mariage, Frussotte, Blanchard, Tardieu, Bovinet. 15 fr.

2165. Blondel. 30 culs-de-lampe pour le *Molière* de Boucher, gravés par Soullain, Blondel, etc. 25 fr.

2166. Borel. 5 figures et 2 frontispices. Ensemble 7 pièces gravées par Voysard, de Longueil, Frussotte, Eluin, Patas, 10 fr.

2167. Boucher. 1 titre frontispice, 14 figures (dont 4 vues de Paris), 16 vignettes, pour différents ouvrages, gravés par Lépicié, Duflos, Ravenet, Huquier, Le Bas, Petit, Baquoy, Le Mire, Chedelle, Antoine. Ens. 31 pièces 30 fr.

2168. Choffard. 1 titre avec fleuron, 1 fleuron, 1 en-tête, 7 culs-de-lampe pour l'*Histoire de la Maison de Bourbon*. 10 fr.

2169. Choffard. 18 vignettes de Choffard, pour *Jugement de Paris, D'ᵉ des sculpteurs, etc.* 20 fr.

2170. Choffard. 50 culs-de-lampe et 1 fleuron, les *Contes de La Fontaine*, 1762. 1 titre avec fleuron, 1764, gravé par Boily. Ensemble 52 pièces. 50 fr.

2171. Desrais. 5 figures, 6 vignettes, 3 culs-de-lampe, pour divers ouvrages. Ensemble 14 pièces, gravées par Decaché, Patas, Gaucher, Jourdan, Saillar, de Launay, Ponce, Delvaux, etc. 20 fr.

Et de Livres anciens et modernes

2172 **Eisen**. 3 figures, 23 vignettes, 3 fleurons, pour divers ouvrages. Ensemble 29 pièces gravées par de Larmessin, Legrand, Aliamet, Fessard, Née, Le Bas, de Launay, Le Mire, P. Martensi, de Ghendt. 15 fr.

2173. **Eisen**. 10 frontispices, 26 figures pour divers ouvrages. Ensemble 36 pièces gravées par Gaucher, Martinet, Duflos, de Longueil, Massard, de Launay, de La Fosse, Le Mire, Aliamet, de Ghendt, Née, Baquoy, Pasquier, Sornique, Bosse, Lempereur, Legrand. 30 fr.

2174. **Eisen**. 5 figures, 28 vignettes, 5 culs-de-lampe, et 1 titre avec fleuron pour divers ouvrages. Ensemble 39 pièces gravées par Le Mire, Pasquier, Delafosse, Le Bas, Simonet, de Launay, Helmann, Fessard, Fokke, Née, Masquelier, Ponce, de Longueil, Lempereur, Aliamet, Tardieu. 25 fr.

2175. **Eisen**. 30 figures et frontispices pour divers ouvrages, gravés par de Longueil, Baquoy, Lempereur, Née, Legrand, Lingée, De La Fosse, Louis Le Grand, Mechel, Le Bas, Sornique, Le Mire, de Ghendt, Aliamet. 20 fr.

2176. **Eisen**. 41 vignettes d'Eisen pour *Tarsis et Zelie*, et *Dorat*, gravées par Née, Massard, Helmam, Masquelier, de Longueil, Binet, Le Mire, de Longueil, Sornique, Ponce, de La Fosse. Aliamet, Fessard. Simonet, Prévost, Baquoy, de Ghendt. 30 fr.

2177. **Eisen**. Un titre, 15 vignettes et 22 culs-de-lampe, pour les *Baisers* de Dorat. Ensemble 38 ravissantes illustrations. 45 fr.

2178. **Eisen**. 24 titres frontispices, pour les *Œuvres* de Dorat et autres, dessinés par Eisen, superbement gravés par De Ghendt, de Longueil, L. Duval, Lapi, L. Legrand, Le Mire, Nestler. 30 fr.

2179. **Eisen**. 37 en-tête, pour l'*Histoire d'Angleterre*. 30 fr.

2180. **Eisen**. 63 culs-de-lampe d'Eisen, pour les *Œuvres* de Dorat, gravés par Longueil, Le Mire, De Ghendt, Ponce, Legrand, Née, L. Binet, Gaucher, Aliamet, Massart, De Lafosse, De Launay. Simonet, Baquoy, etc. 50 fr.

2181. **Eisen**. 38 vignettes (dont plusieurs tirées à part sur papier fort), 47 fleurons et culs-de-lampe, pour l'*Introduction à l'histoire de l'univers* de Pufendorff. Ensemble 55 pièces (dont 7 titres). 40 fr.

2182. **Gravelot**. 17 culs-de-lampe, pour les *Contes* de Boccace, gravés par Le Mire, Lempereur, Pasquier. 12 fr.

2183. **Gravelot**. 26 figures pour divers ouvrages, gravées par Binet, Major, Baquoy, de Longueil, Duflos, Le Vasseur, Simonet, Delafosse, Housson, Isaac Taylor, Le Mire, Michel, Le Vasseur. 18 fr.

2184. **Gravelot**. 5 frontispices, 8 titres frontispices, 2 titres avec fleurons, 9 figures, 2 vignettes, pour différents ouvrages, 2 gravures. Ensemble 28 pièces, gravées par Vidal, Binet, Le Roy, Chenu, Duclos, Moitte, de Launay, Prévost, Pasquier, Aveline, Scotin, Le Roy, Le Mire, Duclos, Lainé, Godfroy, Scotin. 30 fr.

2185. **Gravelot**. 2 frontispices, 21 vignettes avec portraits, pour la *Jérusalem délivrée*. Ens. 23 pièces, gravées par Henriquez, Le Roy. 25 fr.

2186. **Marillier**. Un titre, 2 frontispices, 22 vignettes et 106 culs-de-lampe, pour les *Fables* de Dorat, 1773. Ensemble 131 ravissantes pièces. 100 fr.

2187. **Moreau**. 38 figures de Moreau, pour différents ouvrages, gravées par Delaunay, Delignon, Simonet, Née, Dambrun. De Ghendt, Romanet, Masquelier. Trière, Devilliers, Lorieux, Godefroy, Lempereur, Massard. 30 fr.

2188. **Moreau et Cochin**. 29 culs-de-lampe de Moreau et 2 en-têtes de Cochin, pour l'*Abrégé de l'Histoire de France* de Hénault. Ensemble 31 pièces gravées, par Moreau. 20 fr.

2189. **Queverdo**. 1 titre frontispice, 11 frontispices, 1 titre avec fleuron, pour divers ouvrages, gravés par Trière, Gaucher, Simonet, Dambrun, Villery, de Longueil. Ensemble 13 pièces. 15 fr.

XIXᵉ SIÈCLE

2190. **Chauvet**. 13 frontispices, dont 9 sur CHINE et 1 sur JAPON. 15 fr.

2191. **Flameng**. Frontispices pour *Les Dessous de Paris* (en sanguine) et le *Fumier d'Ennius*, par Delvau. Ensemble 2 pièces sur CHINE. 6 fr.

2192. **Frontispices modernes**. 23 frontispices (dont 3 sur CHINE et 6 sur JAPON) dessinées et gravées par Vogel, Lalauze, Lequegnot, Abot, Célestin Nanteuil, de Los Rios, Avril, Milius, Mongiès, Mesplès, Hill, Gaujean, Ch. Lepic, etc. 30 fr.

Le Propriétaire-Gérant : THÉOPHILE BELIN.

Châteaudun. — Imprimerie de la Société Typographique (*Téléphone*).

www.ingramcontent.com/pod-product-compliance
Lightning Source LLC
LaVergne TN
LVHW022352170726
843503LV00008B/3673